U0034647

從先秦至明清，一窺歷代帝王的真實面貌

酷刑發明家紂王、
焚書坑儒始皇帝、
追星族光文帝、
道教狂粉宋徽宗、
科學迷清聖祖……

朕，撼天下

孟飛 編著

目 錄

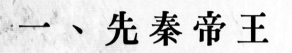

一、先秦帝王

黃帝

黃帝是中國上古帝王，司馬遷《史記》列之為五帝之首。相傳他是有熊氏的首領少典之子，因長於姬水而姓姬，因曾居於軒轅之丘（今屬河南新鄭縣）取名軒轅（一說軒轅本義指車，因其發明車之故而以軒轅為名）。黃帝之所以被後世尊為中華民族的始祖，是與他在以下兩個方面的貢獻分不開的。

遠古時，中國大地上生活著許多民族，主要的一支是神農氏，它在軒轅時已經衰落，各部落相互侵擾、暴虐百姓，而神農氏對此已無能為力。此時黃帝崛起，他十分善於運用武力、善於打仗，經過修德振兵，四方征討，使每個部落都臣服於他。其中最主要的活動是與炎帝的聯合和對蚩尤的征服。

傳說炎帝是少典的另一個兒子，也就是「嚐百草」的神農氏。據《史記》記載，他曾與黃帝戰於阪泉之野，三戰後，炎帝降服黃帝。也有傳說講他被南方的蚩尤打敗，便向黃帝求救。後來黃帝部落和炎帝部落合併，黃帝為首領，統稱華夏民族。而我們現在自稱為炎黃子孫也是來源於此。

蚩尤傳說是東方九黎族的首領，「蚩」是一個貶義詞，是小爬蟲的意思，「尤」是部落名。傳說蚩尤強悍凶猛，經常擾侵其他部族。神話傳說中的蚩尤有兄弟81人，都是獸身

人語，銅頭鐵額，吃沙子石頭，造了各種兵器，包括弓箭，威震天下涿鹿之野（今河北涿鹿縣）。黃帝率領精兵強將，以應龍為帥，與蚩尤戰於涿鹿之野。黃帝請應龍為帥，而蚩尤請來風伯雨師，發起疾風暴雨，應龍被水困，黃帝於是派下叫「魃」的天女即旱神，雨水才得停住。又有說黃帝為仁義不能禁止蚩尤的惡行，不禁仰天長嘆，而上天派遣玄女下凡，授予黃帝兵信神符制服了蚩尤。因為傳說中的蚩尤是凶狠邪惡的，所以，打敗蚩尤的黃帝就成了懲罰邪惡的正義化身。又傳說蚩尤被黃帝制服了之後，受黃帝之命主持軍事，控制天下。蚩尤死後，天下又開始相互擾亂，黃帝就命畫家畫了蚩尤的畫像，用來威懾天下，作亂的部落又都懾於蚩尤之威而歸服於黃帝。從這個傳說也可以看出蚩尤是非常凶猛的。

這樣，各部落都尊崇軒轅為天下共主，因為黃帝有「土德之瑞」，而黃河流域的土為黃色，所以，他就被稱為黃帝。黃帝以涿鹿為都城，又設立官師，使天下大同。他按天地四方四時設立公職，進一步完善了部落聯盟的權力機構，中華民族從此出現了建立在部落聯盟基礎上的第一次的統一。

其次，黃帝時期有許多的發明創造。傳說嫘祖發明了養蠶、倉頡發明了文字、伶倫制定了音律五聲：宮、商、角、徵、羽，並造磬、鑄鐘。羲和會占日、常儀會占月，臾區會占星氣、大橈發明了甲子，即用天干地支來記時、日隸首發

一、先秦帝王

明了算數。此外,蒸穀為飯、烹穀為粥乃至曆法、衣裳、帽子、舟車等都是那時發明的,造房屋、搞殯葬等也是始於那時,而中醫學的奠基之作《黃帝內經》也託名黃帝與他的臣下以答問的形式討論醫學。此外,黃帝還教人民順四時播種百穀草木,馴化鳥獸,利用自然資源。當然,這樣的發明,摻雜著許多神話傳說的成分,實際上任何一項發明都絕不會是一兩個人的功勞。歷史上的這些記載,只不過反映了黃帝那個時代我們祖先的聰明才智。

大禹

　　大禹的貢獻首先是治洪水。在當時部族分裂的情況下,他制定了「天下一統」的治水方針,設定了整體治水路線,這條路線覆蓋了今天的岷江流域、長江流域、黃河流域。他首創採用「導山治水」的方法,即採用疏導而不是圍堵的方法來治水。用這種方法,在岷江流域取得成功後,將它推廣到漢水、河濟、江淮,最終取得治水的全面成功。大禹是華夏史上用導山治水法綜合治理環境的第一人,亦是世界文明史上這方面的鼻祖。

　　在治理洪水的過程中,他創造了多種測量工具和測繪方法:在平地則駕車,遇泥濘就使橇,登山就乘輦。這車、橇、輦,就是大禹發明的。在高山大川,或是浮在浩瀚煙波

中，為使人們不迷失方向，他教人們砍木留記，以指方向，這是中國歷史上最早的地名標誌。他還創造了司風鳥，相當於今天的風向標。因治水需要，他創造了「左準繩，右規矩」四種測繪工具。「準」測高度，「繩」量長度，「規」測水平角，「矩」測俯仰角。大禹還創造了刻石和冶金來記錄的辦法，至今流傳的禹碑還有好幾種，刻於高山之巔，文字無人能識。《尚書》說上天曾給大禹一本《洪範九疇》，使他成功。這「洪範」即為大法，是今天數學的基礎。在長期的治水實踐中，他掌握了天下各地的山川形勢，土質優劣，物產與民風，據此而別，劃出九州，這是中國歷史上第一次區域劃分。

作為中國歷史上第一位國王，禹實現了九州的統一，為夏王朝的建立奠定了扎實的基礎。從而才有「中華」最初的形成。中國歷史上重視以歷史來教化百姓的，首推大禹。傳說他安排助手伯益修《山海經》，第一次把中華大地的山川河流，人物事件以及飛禽記下來，這部神話內容的書籍，其實是一部「史志」，為後世研究中華遠古地域文化的必讀書籍。大禹非常重視民間訟訴，他曾規定，要當面指出王的過錯的百姓就擊鼓、要給王傳道的就鼓鐘、要告狀的就振鐸、要提出建議的就擊磬。他愛護百姓，遇有死傷疾病，親自去弔喪探病，深受百姓愛戴。

夏啟

　　啟當了王，選舉制為世襲制所代替，中國歷史上開始了「家天下」的局面。國家、政權、土地、人民，現在都成了一家一姓的私有物，人們就把這一歷史事變看作中國從原始社會轉變成階級社會的標記。

　　對這樣一場大變化，當然有不少部落不服氣，但他們眼看著夏啟的勢力那麼大，連聲望赫赫的伯益都惹他不起，所以也只好把氣憋在肚子裡。而這時偏偏有一個部落不肯忍氣吞聲，而要和這個變更老傳統的啟鬥一鬥，它就是夏的同姓——有扈氏（在今陝西戶縣一帶）。有扈氏在啟登上王位時拒絕朝賀，這可是大大傷害了夏啟的尊嚴。夏啟便把各部落組成六軍，親自統帥著前來討伐。大軍會聚在甘之野（在今陝西戶縣附近，也有人研究說在河南境內），啟舉行了誓師大會，聲色俱厲地發表演說道：

　　「我要向大家聲明：這個有扈氏不敬天地，不遵王命，是上天命令我來剿滅他的！我現在替天行道，你們都要服從我的命令，奮力出擊，不許懈怠。誰服從我的命令，我要重重地獎賞他，誰要是違抗我的命令，我就要處死統帥，把他的部落都變成奴隸！」（《尚書‧甘誓》）六軍聽了這番「義正辭嚴」的訓戒，誰還敢違抗命令？結果在甘地一戰，把有扈氏打得大敗。有扈氏被滅了國，全部人馬都被當作戰利品分

給了功臣。這個氏族本來很善於畜牧，從此他們就變成了替人放牛牧馬的奴隸。

滅掉了有扈氏，夏啟果然收到殺一儆百的效用，從此再也沒有人敢給他惹麻煩了。夏啟見自己的王位穩固了，就學著父親的樣子，在鈞臺大會諸侯。這時夏朝的都城早已從陽城遷到了陽翟（在今河南禹縣），這鈞臺就是夏啟在都城郊外建造的一個高臺。過去，大禹親自到塗山、苗山與諸侯相會，還多少保留了過去的這種諸侯集會的形式上的平等，可是，這次鈞臺大會就成了諸侯千里迢迢跑來朝見國王了。

這次大會的排場自然遠遠超過了苗山大會。啟一出生就是大少爺，不光講究吃喝穿戴，還特別喜歡音樂舞蹈，他在這方面的鑑賞才能，是他辛勞一世的父親遠遠比不上的。夏啟坐在高高的鈞臺正中的尊位上，各國諸侯按照國的大小分成級別列坐兩旁，珍貴的銅鼎裡盛著整個烹煮的豬羊，黑亮黑亮的漆木（一種高腳的盤子）中盛著各種美味佳餚，香噴噴的熱霧蒸騰而上，盤旋在鈞臺上空，瀰散到鈞臺四周，惹得老遠的人都流口水。諸侯們都穿上最好的衣服，舉起美玉琢的、牛角雕的、青銅鑄的各種酒樽向夏啟祝壽。夏啟就命令樂隊奏起新編的曲子，讓舞女們跳起新排練的舞蹈，一時間香風瀰漫，彩袖翻飛，笙歌迴繞，把萬國來賓看得目瞪口呆，頭腦也不禁暈乎乎的了。

大宴之後，夏啟又乘上華麗的鈞車，駕著黑鬃的白馬，

讓大旗開路，甲士護從，帶著萬國諸侯，浩浩蕩蕩進了都城，讓他們瞻仰了一下夏啟的巍峨宮殿。

後來，夏啟又在璃臺舉行了一次規模更大、場面更豪奢的朝見大會。這兩次大會倒是讓各國諸侯大開了眼界，使他們學習了一些華夏中心的文化，可是也讓他們學會了夏啟的豪華奢侈的享樂作風。

夏啟平定了有扈氏，覺得自己的「家天下」，是穩如磐石了，便更加肆無忌憚地淫樂不休。

夏啟在位9年，把夏王朝搞得危機四伏，自己就歸天了。

少康

少康，夏朝國王相的兒子，啟的曾孫。他尚未誕生，父親就被寒浞殺死，母親逃奔娘家有仍氏，幼年在母親家生活。長大後得同姓部落有鬲氏幫助，攻殺寒浞，才恢復夏朝的統治。他注重生產，興修水利，史稱「少康中興」。傳說中，他還是釀酒的發明者。

啟經過鞏固王位的激烈鬥爭，確立了王位世襲制。於是眾多邦國首領都到陽翟朝會，啟在鈞臺（河南禹縣境內）召開諸侯大會，炫耀武力與威儀，使諸侯更加臣服。史稱鈞臺之享。

父親享樂，兒子們也不甘落後，上行下效，一片淫樂之聲。啟年老時，他的5個兒子都想爭奪繼承權。其中，小兒

子武觀鬧得最凶，被放逐到了河西。放逐後的武觀還不甘心，在河西發動叛亂，被啟派兵平定。啟在位 9 年，就因為花天酒地得了重病死了，他的大兒子太康繼承了王位。

太康比他父親有過之而無不及，整日遊玩田獵。時間一長，又嫌在都城附近打獵遊玩已不足興，於是跨過洛水以南，而且越玩越遠，一直去了 100 天都沒有返回都城。

本來太康即位以後，不務正業，人民就有怨恨之言，諸侯、方國也開始產生離心。他跨過洛水去打獵，而且長時間不返國都，就給地處黃河以北有窮國的主公后羿造成了進攻的機會。

后羿趁此良機把自己的部落遷到窮石（今河南境內洛陽附近），利用夏民對太康的不滿，奪取了太康的政權，立太康的兒子仲康為帝。太康在洛水邊打獵盡興歸來時，已不能還朝，只得暫住洛水南岸，然後派人向各方諸侯求救。

太康失政，早已引起各邦國的不滿，此時無一人響應，太康無奈，向東流落到陽夏，建城居住，傳說即現在的太康縣。10 年後，太康病死。

約西元前 1968 年，仲康死，其子相即位。約西元前 1948 年，后羿趕走相，奪取王位，號稱「帝羿」，史稱「后羿代夏」。

相被趕跑後，逃到同姓斟灌氏那裡，依靠斟灌氏和斟尋

氏的力量，在那裡避居起來。

羿掌權後，並未吸取太康的教訓。當時，國內矛盾重重，統治極不穩固，他卻「不修民事，淫於原獸」。羿善射，經常外出田獵，很久不歸。他任用親信東夷族伯明氏的寒浞代他治理國事，但寒浞對羿懷有貳心，私自培植自己的黨羽，趁羿外出田獵的機會，將羿殺死了。

寒浞霸占了后羿的妻子和全部家產，掌握了大權。寒浞生了兩個兒子，一個取名叫澆，長大後封在過（今山東省境內）一個取名戈，長大後封在戈（今河南省境內）。

這時，相還避居在外，這對寒浞政權是很大威脅。為免除後患，寒浞派其子澆滅掉了斟灌氏和斟尋氏，殺死了相。相妻後緡為有仍氏之女，這時已懷孕，在緊急中從小洞逃跑。後緡逃至母家有仍氏處，生子少康。

少康長大成人的消息傳到寒浞耳裡，立即派親信大將椒前往搜捕。有仍氏自然不會輕易交出外孫，連夜派人將少康送走，對椒謊稱少康田獵失蹤了。椒半信半疑，卻也找不到證據，只得退走。

少康出走後，四處漂泊，知道他身世的人懼怕寒浞報復，都不敢收留他，最後，他逃到遠一些的有虞國（今河南虞縣）。有虞氏是虞舜的後人，首領虞思看到少康很有出息，叫他在部落裡擔任管理膳食的官。看到少康為人可靠，

不久又把自己的女兒嫁給他，並且把一塊叫綸的地方交給他管理。

少康在自己的封地上廢除了奴隸，鼓勵生育、重視農業、發展生產，不到 20 年就把綸治理得十分富強。不久，逃到鬲（今山東德州）的父親的部下靡找到了他，他們細心謀劃了復國的大計的晚年的寒浞重蹈荒淫無度的覆轍，整天吃喝玩樂不理政事，大臣們分崩離析，少康認為這時可以動手了。他先派大將女艾和兒子杼去滅戈，斬去寒浞和澆的羽翼，他們出色地完成了任務。不久，又傳來寒浞病死的消息，少康趁機發兵，直奔都城安邑。澆經過短暫的反抗，兵敗被殺。

天下又回到了夏禹子孫的手裡，這件事，歷史上稱為「少康復國」。

少康即位後勵精圖治，他治國有方、愛惜民力、發展生產，很快使夏國恢復了元氣。各地諸侯也紛紛來朝，出現了興旺發達的氣象，歷史上稱為「少康中興」。

少康 61 歲時去世。據說從他開始，夏朝學會了用高粱造酒。

夏桀

桀是歷史上有名的暴君。

桀即位之後,把國都遷到了太康住過的斟鄩。這個桀天賦很高,就是不務正業。他只把聰明用在吃喝玩樂上。他很勇武,力氣大得能把銅鉤扳直,把鹿角折斷,但他把勁頭都用在遊獵征戰上。他當了夏王不久,就出兵去征討有施氏(在今山東省滕州市)。小小的有施氏哪裡抵擋得住夏王的大軍,只好卑躬屈膝,請求投降。他們聽說桀喜愛漂亮女子,就在國內挑選了一位叫妹喜的美女獻給桀。這妹喜生得本來就嬌媚百態,再裝飾上滿身的珠玉珍寶,簡直就像仙女下凡一般。桀見了妹喜,只覺得目眩神迷,魂靈都飛出了殼,二話沒說,馬上下令撤兵回國。

桀得了妹喜這個美女,把她看得像掌上明珠。他覺得原來的宮室太簡陋了,就下令徵調四方民夫要蓋一座奢華無比的王宮。夏桀耗盡了民脂民膏,這宮殿總算造成了。巍峨的殿宇高得讓人不敢仰視,好像快要倒下來似的,於是就起名叫「傾宮」。傾宮雖然不是用黃金白玉蓋的,但裡面有白玉雕的床榻,黃金做的器具,四處還裝點著綾羅綢緞、珍珠寶貝,也算是金屋瓊室了。

可是妹喜只是懷念自己的家鄉、父母和自由自在的生活。這金屋瓊室,在她看來不過是一個華貴的牢籠,所以她

常常雙眉緊蹙，面帶愁容。為了討取妺喜的一點歡顏，夏桀的「聰明才智」可有了用場。他見妺喜一聽那叮叮咚咚的音樂聲就心煩，便讓宮女們搬來成匹的繒布，兩人對扯，希望那「嘶啦嘶啦」的裂帛聲能使妺喜開心。他見妺喜一看那長袖翩翩的舞姿就皺眉，就強令宮女和侏儒們跳些奇形怪狀、不堪入目的舞蹈，希望讓妺喜哈哈一笑。

　　這時有個掌記事兼天文，曆法太守叫終古，他見夏桀這樣荒淫奢侈，實在為夏朝的命運擔心，就進宮邊哭邊勸道：「大王如果再這樣下去，我們的國家就要亡了！」

　　夏桀聽了嘿嘿一笑，道：「你說的是什麼鬼話！我有天下，就好比天上有太陽一樣。太陽能從天上消失嗎？如果太陽能從天上消失，我也許會亡國的。」

　　這個大臣聽了這種奇怪的道理，也不敢再多囉嗦，出宮之後，帶著家小就跑到商國去了。

　　說起商國，那是居住在黃河下游，早在夏朝中葉就開始興盛起來的一個夷人部落。商人的始祖就是曾經在帝舜時期做過「司徒」的契。帝舜時期，商人還住在蕃（在今山東滕州市），契的孫子相土就遷到了商丘（今河南商丘南）。商人擅長畜牧，這時又發展了農業，農牧結合，國力立刻強盛起來。相土乘著太康失位，后羿、寒浞無暇東顧的機會，迅速擴大勢力。上甲以後這一百來年，商國東征西伐，不斷地壯大實力，雖然名義上還是夏的臣屬，實際上已是嚴重威脅

一、先秦帝王

著夏朝的勁敵了。

可是昏庸的夏桀根本不把漸漸強盛起來的商國放在眼裡，夏桀殺死了直言敢諫的關龍逄，別的大臣果然學乖了，正直的捲起舌頭不哼不哈，一心想著升官發財的小人就拿出拍馬屁的本事，一面唱著讚歌，一面出些邪門歪道的主意，哄夏桀高興。這樣一來，夏朝的國勢就越發不可收拾了。

夏桀這裡是眾叛親離，東方的商國卻在竭力收攏人心。此時商國的首領名叫湯。商湯見夏朝越來越不得人心，就打定了取而代之的主意。這人很有才能，也很有心機。他知道夏朝已經有了四百多年的天下，在諸國中還有不少黨羽，所以不能輕舉妄動，而要穩紮穩打，威德並用，逐步把諸國都拉過來或吞下去，最後再對付孤立無援的夏桀。

商湯首先打敗了鄰近的葛國，接著又征服了薛國、豕韋、顧國、昆吾。夏桀這時才著了慌，決定御駕親征。可是夏桀享樂慣了，就是出征也不肯放棄享受，後宮美女、樂師舞伎、吃喝玩樂的東西恨不得全部帶著，光準備這些就耽誤了不少時間。另外，好馬堅車先都讓給了自己的隨從宮女，戰士們的器甲車馬卻是馬馬虎虎，弄得將士們也怒氣滿腹。夏軍離開都城，東進到鳴條，商湯的大軍早已殺到了。雙方就在鳴條會戰。夏桀的軍隊士氣低落，剛一交鋒，陣腳就動搖起來。商湯率領如狼似虎的大軍直衝夏桀所在的中軍。夏

桀見勢不妙，帶著後宮美人就要撤。這一下，夏軍便全線崩潰，不可收拾了。

夏桀帶著少數殘兵逃過了黃河，投奔一個叫三龍白（在今山東定陶東北）的小國。商湯步步進逼，又移兵征服了三龍白。夏桀在中原無處託身，只好往南逃竄。商湯兵分兩路，一路南追夏桀，一路西取夏都斟鄩。

夏桀身旁的衛士一邊跑，一邊溜，後面的追兵卻是窮追不捨，夏桀一路上風聲鶴唳，真的和喪家犬一樣狼狽。等他選列南巢（在今安徽壽縣東南）的時候，商湯看他已成了孤家寡人，而且身處蠻荒，不能再有什麼作為了，這才停止追逐，只派了一部分士兵監視著他。

商湯的主力大軍西進夏朝都城，毫不客氣地把夏桀宮室中的美女珍寶、黃金美玉囊括一空，夏都的百姓，多數也成了商國的奴隸。

夏桀在南巢成了軟禁的囚犯，沒過幾年，這個暴君就像隻野狗一樣，孤寂地病死在南巢。

歷時四百多年的夏朝，終於被另一個奴隸制王朝 —— 商朝取代了。

商湯

　　商湯，即商武王，又作商湯、武湯，姓子，名履。因甲骨卜辭作唐、成、大乙，又稱高祖乙。繼其父癸而為商族領袖，夏之方伯。後聯合諸侯推翻夏朝，被諸侯推為天子，建立商朝。13 年後病卒。

　　桀即位時，夏王朝的統治已經搖搖欲墜，王畿以內的民眾怨聲載道，那些原來與夏氏結盟的部落也紛紛叛離。面對這樣的情形，夏桀不但不修明政治，施恩於民，相反，卻賦斂無度，竭盡民力物力，修築宮室臺榭，勞民傷財。

　　夏桀的殘暴統治，也使王畿以內的民眾更加離心離德。百姓指著太陽咒罵說：「時日曷喪？予汝偕亡。」

　　夏王朝有一個大夫叫關龍逢，他見終古勸諫桀無效，就手捧「皇圖」來到傾宮求見桀。「皇圖」也是古代王朝繪製有帝王祖先們功績的圖，給後代帝王們看，以便傚法祖先們治理國家。

　　關龍逢對夏桀說：「古時君王愛民節用，因此立國長久。大王揮霍無度，亂殺無辜，這可是亡國的徵兆啊！」夏桀聽了暴跳如雷，立刻燒了皇圖，殺了關龍逢。

　　這時，夏朝的商部落逐漸強大起來。

　　商是居住在黃河下游的一個歷史悠久的部落，屬東夷的一支。據《史記》記載，約在西元前 21 世紀，帝嚳次妃簡

狄，洗浴時見到玄鳥墮下的蛋，吞食後懷孕，生子名契。這一傳說反映簡狄處於母系氏族社會時期，屬群婚狀態，人們只知有母，不知有父，簡狄應該是商的始祖母。至契時，已過渡到父系氏族社會時期，人們開始注重男性世系，所以奉契為商的始祖。

契與禹生在同一時代，曾助禹治水，被舜封於商，其活動區域大概在現在的河南、河北和山東半島、遼東半島。

商族自契至湯傳 14 代，遷居 8 次，延續 700 年左右，相當於與夏並存的一個小國。商湯契的孫子相土發明了馬車，把商民族的活動範圍擴展到了海濱，加強了和海濱各民族的經濟文化交往。契的第七代繼承人王亥發明了牛車，開始了畜牧業，和各部落之間有了商貿往來，並以貝作為貨幣，活動範圍已經達到黃河北岸。

王亥在一次與有易部落的首領的宴飲中發生衝突，被有易部落酋長綿臣當場殺死。王亥之子上甲微即位後，決心為父報仇，便聯合方國大敗有易部落，殺死綿臣。

上甲微的這次勝利，是商族發展史上一次不小的轉折。商族從此開始過相對穩定的定居生活，其後世追祀先王時，都是由上甲微開始，商王用天干紀名，也從他而始，可見後世對他的崇敬。上甲微後又傳 7 世，至湯。

到湯接任商部落首領時，不論從土地控制面積、經濟、

軍事實力，還是從政治制度，都達到了與夏桀匹敵的程度。但要推翻夏桀的統治，還是力量不足。

這時，仲虺和伊尹來到了商湯的身邊，使商湯如虎添翼，商部落迅速強大起來。

相傳仲虺的祖先叫奚仲，是夏禹時候的車正，就是管理製造車子的長官。自奚仲以後，子孫都在夏王朝作官，為夏監製車子。到了仲虺時，他看見夏桀暴虐，人民怨恨，諸侯叛離，就從薛帶了族人來到了商。

湯見到仲虺以後非常高興，向仲虺請教了治國之道。仲虺根據當時天下的形勢，分析了夏桀如此下去，必然會自取滅亡，人心所向是商。他鼓動商湯蓄集力量，先伐與商為敵的諸侯，翦除夏桀的勢力，然後滅夏建商。湯很受啟發，於是任命他為左相，參預國政。

被封為右相的伊尹相傳是出生在伊水邊（有說在今河南伊川），長大後流落到有莘氏（在河南開封縣陳留鎮）。有莘氏姓姒，是夏禹後裔建立的一個諸侯國。伊尹到有莘氏以後，在郊外耕種田地以自食。他是一個有抱負的人，想接近有莘國王獲得重用，以施展自己的才華。於是，他自願淪為奴隸，來到了有莘國君身邊當了一名廚子。不久有莘國君發現他很有才幹，就升他為管理膳食的小頭目。

商與有莘氏經常往來，伊尹見湯是一個有德行、有作為

的人，就想去投奔商。這時，商湯要娶有莘氏的姑娘為妃。伊尹看見機會來到，就向有莘國君請求，願作陪嫁跟隨至商。有莘國君於是派伊尹為「媵臣」跟隨有莘女嫁到商。

伊尹跟隨有莘氏女來到商湯身邊以後，仍然給湯作廚子，他利用每天侍俸湯進食的機會，分析天下的形勢，數說夏桀的暴政，勸湯蓄積力量滅夏桀。湯發現伊尹的想法正合自己的主張，是一個有才幹的人，就破格免去伊尹的奴隸身分，任命為右相。

仲虺和伊尹兩人幫商湯出點子，要他先治理好內部，鼓勵人民安心農耕、畜牧，打好經濟基礎，同時樹立仁德的形象，以團結、吸納各諸侯國到自己的一方來。

商湯的勢力越來越大，認為時機已經成熟，決定出兵伐夏，仲虺也同意，但伊尹力諫不可，他認為，出兵好比箭在弦上，非百發百中不可輕易拉動，否則，將會惹出大麻煩。他準備親自去夏國住一段時間，觀察夏的動靜，然後再做決定。湯就準備了方物（土特產）、貢品，派伊尹為使臣去夏王都朝貢。

伊尹在夏王都一住三年，而夏桀整天只知飲酒作樂，把朝政棄之不理。伊尹將夏桀及王朝的情況觀察清楚之後，回到了商，但他還是不同意立即出兵。說：「夏自禹建國以來，已經歷 400 多年，夏王是天下尊崇的共主，雖桀暴虐無道，

民有怨恨，但在諸侯中仍有威信，故不能很快伐桀，只有等待時機再行動。」商湯接受了伊尹的建議，繼續做伐夏的準備。

這時，在夏王朝的眾多諸侯國中，雖然叛離者很多，三心二意的也不少，但依然有一大批忠誠追隨者，其中尤以東部的三國最具代表。

一個是豕韋（今河南滑縣東），一個是顧（今山東鄄城東北），一個是昆吾（今河南濮陽境內）。這三個夏屬國的勢力都不小，他們所處的地區又與商較近。三個方國執意以商為敵，他們監視著商湯的活動，還經常向夏桀報告。湯和伊尹、仲虺決心除掉這三個夏桀的羽翼。就在準備進征豕韋時，夏桀得知湯還在繼續征伐諸侯，擴大商的勢力，派使臣至商召湯入朝。天子召見諸侯是經常的事，湯也沒有拒絕就帶領隨從來到夏王都。然而，湯剛到，夏桀立即下令將他囚禁在夏臺（也就是鈞臺，在今河南禹縣，這裡是夏王朝設立的監獄）。

伊尹和仲虺得知夏桀將湯囚禁起來以後，就蒐集了許多珍寶、玩器和美女給夏桀，請求釋放湯回商。

夏桀見了寶物眉開眼笑，就讓湯回去了。商湯回去以後，又經過一番謀劃和準備，和伊尹率領了軍隊，對豕韋展開進攻。湯率大兵壓境，豕韋連求援都來不及，很快就被商

軍消滅。豕韋被滅，顧國勢單，湯接著又揮師東進，乘勝也將顧國滅了。韋、顧二國的土地、財產、人民盡歸商所有。

昆吾國自知商湯隨後便會來攻打，便提前向夏桀報告，要求其增援，夏桀非常惱怒，下令起「九夷之師」，準備征商。湯本想率軍去滅昆吾，然後征東夷，進而滅夏桀。伊尹阻止了湯：「東夷之民還服從桀的調遣，聽夏的號令，此時去征伐不會取得勝利，滅夏時機尚未成熟，不如遣使向桀入貢請罪，臣服供職，以待機而動。」湯採納了伊尹之謀，暫時收兵。備辦了入貢方物，寫了請罪稱臣的奏章，派使臣帶到夏王都，向夏桀請罪，同時賄賂其親信的近臣，為自己說好話，夏桀果然轉怒為喜，下令罷兵。此事不了了之。

夏桀出爾反爾，昆吾國的夏伯很是惱怒，又見商湯主動退兵，認為是怕了自己，居然不自量力地舉兵攻商。結果夏伯被殺，昆吾國被納入商的勢力範圍。

到了這時，伊尹仍然不主張出兵伐夏，他還在等待時機。伊尹為商湯出謀說：「今年本應向桀入貢，且先不入貢以觀桀的動靜。」湯用其謀不再向夏桀入貢。當夏桀得知商湯又滅了昆吾，而不再入貢，又下令調東夷的軍隊征伐商湯，但因桀反覆無常，昆吾又是助桀為虐，與商為敵，東夷的首領們也看出夏桀不會長久，就不聽調遣。伊尹看見九夷之師不起，滅夏的時機成熟了，就請湯率軍伐桀。

一、先秦帝王

　　湯和仲虺、伊尹率領由 70 輛戰車和 5,000 步卒組成的軍隊西進伐夏桀。夏桀調集了夏王朝軍隊，開出王都。夏商兩軍在鳴條（今河南封丘東）之野相遇，展開大會戰。此會戰約於西元前 17 世紀。

　　會戰前，湯發表誓師詞，據說，這就是《尚書‧湯誓》（譯文）：「你們大家聽我說，並不是我敢以臣伐君，乃是由於夏王桀有許多罪惡，上天命我去誅伐他。桀的罪在於他不顧我們稼穡之事，和他的一些奸諛臣子侵奪人民的農事生產成果。他們為了淫逸享樂，還聚斂諸侯的財物，供他們揮霍。害得夏朝的人都不得安居，天怒人怨。桀的罪如此之多，上天命我征伐，我怕上天懲罰我，不得不率領大家征伐他。大家輔助我征伐，如果上天要懲罰，由我一人去領受，而我將給大家很大的賞賜。如果你們有不聽我誓言的，我就要殺戮不赦，希望你們不要受罰。」

　　兩軍交戰後，商軍個個奮勇，人人當先，而夏軍則士氣低落，勉強抵擋一陣，便呼啦一下潰逃下去。

　　商湯戰敗了夏朝軍隊後，乘勝進軍，沒費多大氣力便攻入夏都城，他在那裡祭祀了天地，便帶兵回到自己原來的駐地。

　　這時商的聲威已達於四方，各地的諸侯、方伯以及大大小小的氏族、部落的酋長們都紛紛攜帶方物、貢品來朝賀，

表示臣服於湯。

湯對來朝賀的諸侯皆以禮相待，湯自己也只居於諸侯之位，表示謙遜。其後，他在各諸侯的擁戴下登上天子之位，宣告商王朝的成立。經過 20 年征伐戰爭，湯統一了黃河中下游地區，影響達於上游，統治區域空前遼闊。

商湯在位 17 年，約 100 多歲去世。在他的 17 年天子生涯中，又繼續向四方征伐，擴大了統治區域，各諸侯更加尊崇他了。但商湯對奴隸的統治非常殘暴，如砍頭、斷足等酷刑，動不動就有數十、數百人被處死。

盤庚

大約在西元前 1312 年，商朝國都奄（今山東曲阜）一片怨怒之聲，能走動的人都來到了街上，或竊竊私語，或高聲議論。大家談論的只有一個話題 —— 遷都。

提出遷都的人是剛剛即位不久的盤庚，他是湯的第 9 代孫，商朝的第 19 個王。他為何以冒天下之大不韙，要把國都遷走呢？這裡是有其深深的苦衷的。

商民族自來就有遷都的傳統，立國之前八遷，立國之後又遷移了 5 次。據清代史學大家王國維稱：「契居番，昭明遷砥石，又遷於商，相王東遷泰山之下，又遷於商丘，上甲微遷於殷，又遷至商丘，成湯又定居於亳。」立國之後，湯以

下前 9 個王都居住在亳（今河南商丘附近），但自第 10 任的仲丁到第 19 任盤庚前的 9 個王朝，竟五次遷都，其中仲丁遷（今河南榮陽東北）河稟甲遷相（今河南內黃東南）祖乙遷邢（今河南溫縣東）祖辛遷庇（今山東鄆城北）南庚遷奄。在遷都之前，盤庚讓人尋找新都的地址，幾經篩選，最後確定殷（今河南安陽小屯村）是最佳的建都位置。那裡地勢平坦寬廣，遠離經常泛濫的黃河，又有洸水臨城可用。

盤庚知道，多年來的遷都已經讓臣民們產生了怨恨，這次再提遷都，會招致反對，但他沒有料到，舉國上下幾乎一口同聲，一致反對遷都。

面對巨大的阻力，盤庚的決心並未動搖，他不怕費口舌，甚至親自到街頭巷尾，向人們宣講遷都的好處。

後來倒是一些平民百姓願意遷都，因為他們在舊都的土地被貴族們掠奪了，盼望遷都後能分得新土地。但貴族們多不贊成遷都。

盤庚對貴族臣子們開始時也比較客氣，一次次告訴他們之所以遷到殷，是因為殷地的土地比較肥沃，自然災害比較少些輕些，在這裡建設都城有利於發展農業生產。且遷都以後，一切從頭做起，這樣階級衝突就可以緩和一些。再就是遷都可以避開危險的反叛勢力，都城比較安全，統治就可以穩定些。

有些人聽了，乖乖準備去了，有些人為了自身的利益，依然反對遷都，相互聯絡，到處煽風點火，造謠惑眾。

盤庚又對帶頭鬧事的幾個人處以極刑。這下，貴族們雖然不願意，但嘴上再也沒人反對了。

約西元前 1316 年，殷地城牆宮室基本完工，盤庚下令遷徙。「去吧！去探尋新的生活道路吧！我現在就帶領你們遷移，在新的地方為你們建立永久的家園！」

在商王盤庚的威脅、利誘、勸誡下，數萬商人趕著牛羊，馱著家產，攜兒帶女，從奄（今山東曲阜）遷移到殷。為了怕途中生亂，盤庚再次下令，「我警告你們，遷徙的計畫是不會改變的！如果有人不服從命令，胡作非為，矇騙欺詐，行為不軌，我就動用刑罰把他們殺掉，連他們的子孫也不留！」經過千辛萬苦，盤庚總算將這些人從奄遷到了殷，但事情遠還沒有結束。

殷都新建，又力求節儉，各方面都很不完備，較之舊都相差很遠，人們本來就有怨懟，這時再度爆發出來，殷都街巷怨聲載道。而且，不少原來臣服於商王朝的諸侯、方國和部落酋長也不前來進貢朝賀。為了制止不滿的言論，盤庚求助於上天祖先，舉行了一次隆重的祭祀，還用龜甲進行占卜。盤庚告誡道：「你們不要貪圖安樂享受，要勤奮地把從上天那裡得來的天命很好地建樹起來。你們都要服從這靈驗的

占卜，我要加強觀察和選取你們。如今我已向你們說清楚了我的意志，不論同意與否，你們都必須服從。」

盤庚的祭祀和告誡發揮了安居於殷的效果，王都鞏固，紛亂局面扭轉，克服了商王朝統治的危機。

在商朝約 600 年的歷史上，盤庚遷都至殷是一個轉折點。從此，商朝一直到紂滅的 273 年，再沒有遷徙王都。它扭轉了商中期一度出現的「九世之亂」的混亂的局面，加強了商王朝的統治，對發展社會生產發揮了推動作用。

經過盤庚的遷都、整治，衰弱的商王朝又開始復興，這為他的姪兒武丁集中力量征伐諸方國，振興商王朝奠定了基礎。盤庚在位 28 年死去，由他的弟弟小辛繼王位。

武丁

武丁是盤庚的姪子、盤庚的小弟弟小乙的兒子。盤庚有兩個弟弟，大的叫小辛，小的叫小乙。按照商朝的規矩，繼承盤庚的是小辛，除非小辛死得早，才能輪得上小乙。所以小乙並沒有做王的奢望，更不會想到自己的兒子武丁能夠繼承王位。

然而，事情就是這樣巧，盤庚去世以後，他的大弟弟小辛繼承了王位。過了三年，小辛就死了。這就輪到了武丁的父親小乙。小乙在位十年，他死後，王位就傳給了武丁。

　　武丁任用甘盤、傅說等人，在統治獲得鞏固的基礎之上，利用發展起來的經濟力量和軍事力量，對其周圍的方國進行了一系列的戰爭。

　　當時商的四周都有不服從商的小國，它們被稱為方國。東邊被稱為夷方，這是住在東部地區古夷人部落的總稱，主要分布在今山東東部和江蘇東北部一帶。但古夷人又分為許多種，有「夷有九種」之說。商王朝建立後，「九夷」基本上臣服，未見有大的征伐。這與商族是出自古夷人部落有很大的關係。這裡的人偶有反叛，規模也比較小。武丁對他們的政策也相對寬鬆。甲骨文的所有記載中，未發現一例把夷方俘虜用作犧牲進行活祭的。

　　武丁用兵的重點主要是西北方面的方、土方、鬼方和羌方。武丁曾多次親自率兵征伐。甲骨文中有很多「王往伐方」的記載，足見戰爭激烈，規模較大。

　　隨著戰爭的不斷勝利，商王朝的勢力在西、北、東、南急遽擴張，疆域達到史無前例的廣大。《孟子》中說：「武丁朝諸侯，王天下，猶運之掌上。」武丁將商朝推向鼎盛，被後世譽為「聖賢之君」。但在繼承權的問題上，出了亂子。

　　武丁娶妻六十人，婦好最受寵幸。婦好是中國最早的女政治家和軍事家。據甲骨卜辭記載，婦好曾多次主持各種類型和名目的祭祀和占卜活動，利用神權為商王朝統治服務此

外，婦好還多次受武丁派遣帶兵打仗，北討土方族，東南攻伐夷國，西南打敗巴軍，為商王朝拓展疆土立下汗馬功勞。

婦好生子祖庚、祖甲。高宗武丁偏愛幼子祖甲，誰知祖甲生性耿直，認為棄長立幼有違禮法，到平民百姓中生活去了。

武丁死後，太子祖庚繼承王位。祖庚即位十年左右病死。祖甲這才回到都城繼承王位。

然而，祖甲好禮，卻不用心治國，他在位三十三年。淫亂無度，對商朝內外加緊搜刮和奴役，使商朝西部方國部落不堪壓榨，群起反抗，社會動盪，商朝自此走向沒落。

商紂

紂，名受辛。因受、紂二字古音相同，又被稱為紂。廟號帝辛。為商朝的第三十位王。武丁的第七代孫。聰勇過人、喜酒色、好淫樂、殘暴成性。商為周武王所滅，紂自焚而死。

紂是商朝的最後一個王，商朝六百年的天下便是在他手裡葬送的。據說，紂身材高大，長得特別英俊也很聰明，對複雜的事情能很快做出判斷。他的力氣大得驚人，能夠徒手跟猛獸格鬥，還能把鐵鉤拉直、把鐵條擰成麻花。有一次，王宮的一根頂梁柱朽壞了，木匠要搭一個架子，把房梁頂

住，然後換上新柱子。紂王說：「你們別麻煩了，把柱子拿來，我用手托著房梁，你們換上就可以了。」古書中的這種描寫可能有些誇張，但紂王即位之初，確實表現出超凡脫俗的英雄氣概。大破東夷便是其絕佳的表現。

實際上，商王朝傳到紂王父親帝乙時，國力已經相當衰落了。以西方周為首的各諸侯、方伯不聽命令，不進行朝貢的事情時有發生。帝乙為了緩和矛盾，不得不把自己的親妹妹嫁給了周侯西伯昌，然後發兵攻打東部反叛的諸侯。但依然沒有改善多少諸侯不朝的局面。到了晚年，他把都城遷到朝歌（今河南汲縣），企圖東山再起。然而不久，他便帶著滿腹遺憾離開了人間，把一個搖搖欲墜的王朝留給了他的兒子紂。

幾乎所有的史學家都認為，紂王在開發東南地區方面是有貢獻的，東夷與中原民族的大融合即是在這一時刻。

紂王本就是個驕傲自大的人，對東夷的勝利，使他更加驕橫自負，由於他才思過人，所以任何臣下的諫言都聽不進去他，他目空一切，認為天下已定，便開始貪圖享受，恣意揮霍。

有蘇國獻來的妲己把紂王哄得團團轉，紂王對她百依百順。妲己喜歡觀看歌舞，紂便命樂師延創作了靡靡之樂、怪誕之舞。妲己喜歡飲酒嬉鬧，他就在宮中挖了一個大池子，裡面注滿了酒。他們把一百二十天當成一夜，在宮中狂呼濫

飲。喝到高興處,無數男男女女脫光了衣服在肉林酒池邊互相追逐嬉戲。喝多的時候甚至三千人趴在酒池邊喝酒,然後趕著馬車狂跑,有的騎在馬上燒肉吃,有的用繩子拴住奴隸的脖子,把他們拖到酒池裡淹死。紂王荒淫無度,必然引起正直的王公大臣們的不滿,這些人就為紂王出謀劃策,想盡殘酷的辦法折磨、迫害反對他們的人,許多刑罰令人髮指。

炮烙之法是商紂王發明使用的殘酷刑法之一,就是用青銅鑄造一根中間空的銅柱,把人綁在柱上,下面燒火,將人活活烙死。

諸侯梅伯多次勸諫紂不要任意對臣民施加重刑。紂殺了他以後,還將他醢了,即剁成肉醬後分賞給諸侯們吃。九侯(封地在今河北臨潼)有一女兒長得很美,被紂得知選入宮去,因看不慣妲己的淫蕩而被紂殺死,並將九侯醢了分送諸侯。鄂侯(封地在今河南沁陽西北)為此而指責紂,被紂殺了以後制成乾屍以示眾。西伯姬昌(周文王)當時在商都,見兩侯連遭殺害,甚是嘆惜,只說了一句「太過分了」,不巧被崇侯虎聽見,報告給紂王,紂王立即將其囚禁,準備殺死。周族的大臣們忙在莘國(今陝西合陽東南)選了有莘氏的一個美女,又選了些駿馬和許多美玉、寶器、奇異玩物,透過費仲的手,向紂說情。紂見了有莘氏美女後,非常高興地說:「此一物(指美女)足以釋西伯,況其多乎?」姬昌這

才死裡逃生，倖免於難。

姬昌回到自己的部族後，開始發展勢力，做推翻商朝的準備。

紂王等人花天酒地，天下百姓怨聲載道，正直的大臣們一規勸，紂王就暴跳如雷，輕則鞭打，重則殺頭。

紂王的叔叔比干剛直不阿，眼見國勢日危，心急如焚，幻想透過直諫使紂王警醒。一天，紂王正在宮裡飲酒取樂，比干又到紂王面前強諫，請他以商朝天下為重，不要再胡鬧下去了。紂王聽了，心下已十分不快，但還不能馬上發作，只得敷衍說：「叔父不必多慮，眼下商朝國運方隆，憑著我東征西討，諸侯誰敢不服？那些小民自然更翻不了天。請叔父放心回去，有事改日再議。」比干不走，而且歷數紂王過錯，「大王若不改過歸正，恐怕祖先艱難經營得來的商朝六百年天下就要亡在你的手裡了！」紂王聞言勃然大怒：「你幾次三番危言聳聽，擾亂人心，我念你身為長輩，不與你計較。不料你膽大妄為，竟敢辱罵起我來。你說我是暴君，難道你是聖人？聽說聖人心有七竅，我今天倒要看看你是不是聖人？」說罷，喝令左右將比干推出，剖心而觀。

箕子聞此噩耗，悲憤地要進宮面諫，卻被紂王拒之於宮外，還命令將他罰為奴隸，囚禁起來。箕子十分傷心，在囚所作了一首名為《箕子操》的歌曲，邊彈邊唱，以抒發心中

的痛苦和憤慨。後來，他擔心會被紂王殺死便披頭散髮、胡言亂語，裝成瘋子迷惑了紂王，逃脫了殺身之禍。

比干慘死、箕子裝瘋之後，不少大臣怕禍及自己，紛紛逃跑，太師疵和少師彊看著實在待不下去了，也就拿了象徵王權的祭器跑到了周國，投奔了周。在當時，沒有了祭器是非常不吉利的大事件。

這時，周已具備了伐商的實力，而紂王還在與妲己醉生夢死。

大約西元前 1066 年，周武王率軍攻商，一路過關斬將，於二月甲子日早晨到達距朝歌只有 70 里之遙的商郊牧野，莊嚴誓師。紂王聞訊，匆忙調集大軍，開赴牧野，與武王對陣。紂王之師遠遠多於武王，但是因紂王暴虐已極，遺棄骨肉兄弟、任用奸人、殘害百姓，紂王軍隊無心戀戰，只盼望武王儘快打敗紂王。雙方一交戰，紂軍士兵就倒戈轉向武王。武王乘勢指揮軍隊衝入敵陣，紂軍全線崩潰。

紂王逃回殷都，登上鹿臺，用四千多塊寶玉環繞周身，然後自焚。武王率大軍進入朝歌，百姓們列隊歡迎仁義之師。

武王對紂屍連射三箭，然後下車，用劍擊之，再砍下紂的首級，懸於白旗上面示眾。

從湯到紂，商王朝歷十七代三十王至此滅亡。

周文王

　　當商紂王用炮烙濫施酷刑的時候，三公不約而同進朝勸諫，由於九侯、鄂侯觸怒了紂王被殺，這時，位於西部的周王在悄然興起。當周在發展勢力，爭取人心，以圖取代商朝時，紂卻在加重壓榨、盤剝人民，「淫亂不止」。西伯侯姬昌看到紂王已不可救藥，沒有進諫，免遭於難。但商紂王在崇侯虎的挑唆之下，怕周勢力強盛，便把姬昌囚禁在羑里（河南湯陰縣）。姬昌深沉老練，是個有心計的人，怨而不露、急而不躁。既然被囚，不能浪費大好時光，於是他研究起八卦來。他把伏羲氏畫的八卦演成六十四卦，從中得到了很多的哲理，增長了自己的學識。司馬遷寫《史記》時還稱讚他「文王囚而演周易」。他還把伏羲氏所彈的五絃琴，變成七弦，作了《拘幽操》的琴曲。他在被囚期間自勤、自勉，不動聲色，坐觀時變。

　　周文王在位五十年，為滅商做了大量的準備工作。大體說來，在他的前四十年「遵后稷、公劉之業，則古公、公季之法，篤仁、敬老、慈少，禮下賢者，日中不暇食以待士」，辛勤治國，增強實力，「三分天下有其二，以服事殷」。在他去世之前的第七年，他「受命」稱王，實際上已拉開了滅殷的序幕，滅殷進入了策略準備階段。《尚書大傳》載：「文王受命，一年斷虞、芮之訟，二年伐犬戎，三年伐密

須，四年伐畎戎，五年伐耆，六年伐崇，七年而崩」。

虞（今山西平陸北）和芮（今陝西潼關西北）是殷的屬國。兩國發生了領土爭端，本應找他們的共主殷調停，但卻慕周文王的威名，「相予朝周」，請周文王加以裁斷。二國君「乃入周」：入界，耕者皆讓畔，民俗皆讓長。虞、芮之人未見西伯，皆慚，相謂曰：「吾所爭，周人所恥，何往為，祇取辱耳。」遂還，俱讓而去。諸侯聞之，曰：「西伯蓋受命之君」。所以，「斷虞、芮之訟」既是周文王威望達到相當程度的一個代表，也是周在政治和外交方面瓦解殷商並取得了明顯優勢的代表。

伐犬戎和密須，意在解除後顧之憂。當時周的中心在岐下，犬戎在它的北方，密須（今甘肅靈台西南）在他的西方。文王要東進伐商，掃蕩掣肘的小國，確為周到的考慮。

緊接著就是開闢通道。耆（亦作黎，今山西長治西南）、於（今河南沁陽西北）、崇（今河南嵩縣東北）都在商朝政治中心的西面，由北向南連成一線，構成了商王朝西面的藩籬。周文王在他最後的幾年將它們一一翦滅，就徹底掃除了周東進的障礙。朝歌已被置於周的矛頭之下。

在這種情勢下，周文王把國都由岐遷至豐（今陝西戶縣東北），使指揮中心進入了更為方便的位置。周滅殷的準備工作至此已完全就序了。不幸，文王在這個時候去世了，滅殷的重任便落到了武王肩上。

周武王

　　武王即位之後，面對的形勢仍然是嚴峻的。一方面，文王稱王、掃除東進的障礙，已使整個國家進入了滅殷的軌道。但是，商王朝也有所警覺，已採取了相應措施加以防範另一方面，商王朝雖衰，但仍有相當強大的實力和一定的號召力。而武王新即位，不僅實力與商有一定差距，自己的威望也多是借重乃父的餘澤。這不能不使武王既繼續執行文王滅殷的大計，又要在實施時多方考慮，謹慎行事。因此，在即位的最初兩年，他不敢輕舉妄動，只是以「太公望為師，周公旦為輔，召公、畢公之徒左右王，師修文王緒業」而已。

　　兩年後，周武王才舉行了第一次大的軍事演習。他仍小心翼翼，借重文王的聲名。

　　武王上祭於畢（按：文王墓地名），東觀兵，至於盟津。為文王木主，載以車，中軍。武王自稱太子發，言奉文王以伐，不敢自專。乃告司馬、司徒、司空、諸節：「齊栗，信哉！予無知，以先祖有德臣，小子受先功，畢立賞罰，以定其功」。

　　這次「觀兵」，實際上是武王對自己實力和威信的大檢驗。雖然，「諸侯不期而會盟津者八百」，且皆曰：「紂可伐矣」。但武王仍沉著冷靜，回答諸侯們說：「汝未知天命，未可也」。武王所謂的「天命」，實際上是「時機」。

一、先秦帝王

又過了兩年,「紂昏亂暴虐滋甚,殺王子比干,囚箕子」,「太師疵、少師強抱其樂器而奔周」,商政權處在一片混亂之中。武王認為滅殷的時機來到了。

於是武王遍告諸侯曰:「殷有重罪,不可以不畢伐」。乃遵武王,遂率戎車三百乘,虎賁三千人,甲士四萬五千人,以東伐紂。

周軍士氣高昂,長驅直入,「朝食於戚,暮宿於百泉,且壓於牧之野」,尋找商軍主力決戰。在僅距當時商都七十里的牧野,周武王又向全軍發表了誓辭,史稱《書經·牧誓》。其略曰:

「古人有言曰:『牝雞無晨。牝雞之晨,唯家之索』。今商王受唯婦人言是用,昏棄厥肆祀,弗答昏棄厥遺王父母弟,不迪乃唯四方之多罪逋逃,是崇是長,是信是使,是以為大夫卿士,俾暴虐於百姓,以奸宄於商邑。今予發,唯恭行天之罰。」

「今日之事,不愆於六步、七步,乃止,齊焉。夫子勖哉!不愆於四伐、五伐、六伐、七伐,乃止,齊焉。勖哉夫子!尚桓桓,如虎如貔,如熊如羆,於商郊。弗迓克奔,以役西土。勖哉夫子!爾所弗勖,其於爾躬有戮!」

這時候,到達牧野參加滅商的諸侯軍隊,僅兵車就有四千乘。

　　商紂王得知周武王陳師牧野的消息後，「亦發兵七十萬人拒武王」。

　　決戰在牧野展開了。「牧野洋洋，檀車煌煌」。武王首先派師尚父帶領百名勇士到商軍陣前挑戰，緊接著即以「大卒馳帝紂師」。「紂師雖眾，皆無戰之心，心欲武王亟入。紂師皆倒兵以戰，以開武士。武王馳之，紂兵皆崩，畔紂」。商紂王見大勢已去，即逃回王宮，登鹿臺自焚而死。歷時六百餘年的殷商王朝被滅亡了。

　　策略準備的完成，只奠定了勝利的基礎。最後勝利的取得，還有待對決戰時機的掌握。周文王深謀遠慮，周武王當機立斷，牧野一戰而滅商，非僥倖而成功，實兩代人智慧的結果。

周厲王

　　這又是一個荒唐殘暴的昏王，他以「防民之口」引發「國人暴動」而著稱於世，其結果是倉惶出逃至民間，連真名實姓都不敢用，淒淒惶惶地度過餘生。中國歷史上也因此而出現了少有的十四年沒有國王的重大事件。

　　歷史有確切紀年開始，這是一個了不起的進步，具有十分重要的歷史意義。而這個紀年記載的第一件事就是「國人暴動」。「國人」是指生活在城市中社會最底層的人民，

迫使他們揭竿而起，為生存而鬥爭的是西周的第 10 位君王 —— 周厲王姬胡。

周王朝在經過「成康（成王、康王）之治」後，日益衰落，到周厲王即位時，周朝王室的頹勢更加不可遏止，諸侯、方國開始各自為政，對周天子刻意怠慢。西北戎狄東擴，時時威脅著周朝國都的安全。

像眾多走向滅亡的朝代一樣，國勢越是衰微，當政者越是昏庸殘暴，周厲王就是這樣一個典型，古書記載，「厲王好利，而不知大難將至」。為了維持王室的窮奢極欲和不斷對外用兵的費用，周厲王想方設法榨取民間的財富。《小雅·大東》中載：「小東大東，杼柚其空，糾糾葛屨，可以履霜」，東方的大國小國，織布機上的產品都被徵斂而光，人民只好用葛草胡亂纏成鞋穿，踩在冰霜之上。織布的人穿不上衣，做鞋的人穿不上鞋，統治者的橫徵暴斂可見一斑。

有什麼樣的君王，就會有什麼樣的臣子，厲公好利，專擅諂媚的卿士榮夷公就是個「為王取利」的「好手」。他的最大本事便是在別人已經再也榨不出東西的地方榨取出錢財。

多少年來，山林川澤一直是公共財產，厲王染指山林川澤，實行專利，霸占為己有，不許人民隨便採獵，觸犯了社會各階層的利益，其結果是「所怒甚多」。一方面，在守舊

的貴族看來，這種做法背離了周室「王人」的傳統，周厲王失掉了王室貴族和統治集團的支持。另一方面，對於平民和下層民眾來說，在遭受著本來已經十分沉重的剝削的同時，又斷絕了漁獵薪樵之源，達到了「民不堪命」的地步。

　　當時，在西周政治制度中，還保留著某些原始民主的傳統，國人議政就是其中的一個表現。國君遇有大事，需要徵詢國人的意見。他們的向背往往能發揮很大作用。國人們紛紛走上街頭，議論紛紛，抨擊厲王的暴政，發洩不滿。厲王不想聽到非議，便從衛國找來巫師，讓他用巫術監視發表「謗言」的怨恨者，並告諭國中，有私議朝政者，殺無赦。衛巫假托神靈，肆意陷害無辜，不少人死於非命。於是，人們不敢再在公開場合言語，路途相見也只能以目示意。

　　召公（召公的後人，也稱召公）曾對厲王說，「你這樣做肯定要招到國人的誹謗」。厲王派人止謗後，自鳴得意地對召公說：「我消除了誹謗，現在人們都不敢議論了！」召公是個有頭腦的政治家。他見厲王如此倒行逆施，執迷不悟，便又一次勸說道：「防民之口，甚於防川。把水堵上，一旦潰決，傷人更多。堵住人民的嘴巴也是一樣的道理。治水的辦法是疏導水道讓它流暢，治民的辦法也應廣開言路讓人民說話。」但是厲王根本聽不進這一套，繼續一意孤行。

　　三年以後，終於忍無可忍的國人們互相串聯起來舉行了

一、先秦帝王

暴動」。鎬京內外的民眾拿起了武器湧向王宮，他們發誓要把厲王這個昏君殺了。

周厲王嚇壞了，從王宮的一個用來流水的牆洞跑了出去，一路向北逃過黃河，最後逃到了彘（今山西霍縣）。

憤怒的人們沒有抓到厲王，就要把太子靜殺了洩憤，可是王宮搜遍了也沒有找到太子的身影。後來聽說太子躲到了召公的家裡，眾人便把召公的家圍了起來，讓召公交出太子。

召公讓自己的兒子冒充太子出去見民眾，憤怒的民眾頓時把這個假太子打死了。太子靜隱姓埋名躲在召公家裡，再也不敢露面了。

在這種情況下，朝中只好由召公（召穆公）、周公（周定公）共同執政處理國事，史稱為「共和」（一說由諸侯共同攝行政事）。這一年被稱為共和元年。司馬遷作《十二諸侯年表》就從這一年開始，從此歷史就有了確切的紀年。

召公、周公二人的「共和」維持了十四年，倒也取得了安定民心的效果，國家漸漸趨於穩定，國力也漸漸恢復了。這是中國歷史上建立王朝以來，第一次出現這麼長時間的沒有國王的王朝。

周厲王到彘以後，隱姓埋名，再也不敢回到國都，又恬不知恥地活了十四年，最後病死在那裡。

周幽王

西元前 782 年宣王死去，太子宮涅即位，他就是西周的亡國之君周幽王。早在西元前 779 年，周幽王便得到一位絕代佳人褒姒，對她十分寵信，以致弄得周幽王神魂顛倒，國破身亡。

幽王自褒姒進宮，愛不釋手，共同在瓊臺尋歡作樂，從此申后那裡變成了冷宮。

不久，褒姒生下一子，幽王十分高興，取名伯服。遂有廢嫡立庶之意，無奈沒有什麼理由，廢立是國家大事，他也不敢隨便提出，先放下待以後計議。

幽王暗暗心想，若想另立伯服為太子，必須先除掉太子宜臼。一天，宜臼正在花園裡玩耍，幽王令人將籠子裡的猛虎偷偷放出，打算讓猛虎將宜臼咬死。突然猛虎竄上來，宜臼很有膽量，他迎著猛虎，冷不防大吼一聲，嚇得老虎吃了一驚，後退幾步，大概是老虎被關已久，又吃飽喝足，便懶洋洋地伏在地上，宜臼乘機逃走。宜臼命不該絕，知是父親所為，後來便與母親躲避到外祖父申侯那裡。

宜臼與母外逃，幽王也覺心靜，不以為然，專寵褒姒為樂。但褒姒自進宮以來未曾展示過笑容，雖豔若桃李，但冷似冰霜。幽王心想褒姒若能一笑，定魅力無窮。於是他千方百計想博得美人展開笑容，可是終不能如願，褒姒就是不

笑。幽王心想：「愛妃一定是因廢立之事未定，心事太重，笑不起來。」便謀求廢立之事。廢立有故，其他大臣不敢駁議，於是按議降旨。

幽王心想，褒姒已立為后，這回該開笑顏了，回宮調戲一番仍然不笑。幽王問道：「愛卿為何不笑？」褒姒答說：「妾生來不好笑。」幽王笑嘻嘻地說：「你不笑，我一定叫你一開笑口！」遂傳令：「不拘宮內外，有能使褒后一笑者，賞賜千金。」

虢石父聞知，認為這乃是發財邀寵的好機會，便挖空心思，猛然想出妙計，上殿向幽王奏道：「先王過去因西戎勢強，為防禦京城，在驪山置墩火臺多處，若有賊寇，放起狼煙，召諸侯發兵相救。今數年不用，我王若讓王后啟齒開顏，不妨同遊驪山，夜舉烽煙，諸侯援兵必到，那時王后必笑無疑。」幽王說：「此計甚妙！」傳令指日而行。

一日，偕同褒后並駕往驪山。至晚設宴驪宮，傳令舉烽火。

當時鄭伯友聽說，非常吃驚，急忙趕來勸阻，說：「墩臺先王所設，為備緩急，取信於諸侯。今無敵舉火，是戲弄諸侯。他日果有敵情，諸侯必不信矣，將何物徵兵以救急呢？」幽王託詞：「烽火久不用，諸侯若來到，只一試而已，有何不可？」不聽鄭伯諫言，下令大舉烽火。

　　只見大鼓雷鳴聲中，烽火燃起，火光起處，煙氣沖天。京城郊外遠近諸侯，一見烽火，疑京中有變，如臨大敵，披掛點兵，火速趕到驪山。到了驪山腳下，只聽山上笙歌婉轉，幽王同褒后在驪宮上飲酒作樂。幽王差人向諸侯謝說：「有勞你們了，幸無外敵。只是一試，請回吧！」諸侯面面相覷，個個垂頭喪氣，只好捲旗而歸。

　　褒姒在樓上，依欄西望，見到諸侯匆匆而來，將士滿山遍野，接著又敗興而歸，曠野一掃而空，此景此情，不禁牽動芳心，微微開懷一笑。那幽王在側，早已聚精會神關注美人顏容，只見褒姒一笑，百媚俱生，不勝歡喜，便朗聲說道：「妳終於笑了！此乃虢石父之功。」遂獎虢石父千金。

　　這就是周幽王烽火戲諸侯，千金買笑。幽王哪裡想到已闖下大禍，那烽火臺本是國防重要設備，如同後來的長城。此舉失信於諸侯，自毀了長城。諸侯們受到枉騙，大為不滿，懷憤而歸。俗語說：「假作真對其亦假，真作假時假亦真。」後來，申侯聽說申后、太子被廢，聯絡曾侯，借犬戎之兵，向鎬京發兵。幽王聞訊急令舉驪山烽火，諸侯見了烽火，又以為幽王取笑而已，不加理睬。申、曾與犬戎聯軍，兵強馬壯，幽王守兵孤軍不敵。虢石父領兵戰死，幽王見勢不妙，用小車載褒姒和伯服開後宮小門逃走，在鄭伯護從下奔向驪山。鄭伯再舉烽火，煙透九霄，仍不見救兵到來。幽

王心膽俱裂，與褒姒癱作一團，戰戰兢兢，渾身發抖，往日國王盛氣凌人的駕勢丟得乾乾淨淨。

犬戎兵追逐驪山腳下，鄭伯被亂箭射死，幽王被犬戎主一刀砍死在車上，接著刀殺伯服，褒姒被犬戎搶走。

就這樣，西周從西元前十一世紀周武王建國，到西元前771年周幽王亡國，歷經近三百年。

鄭莊公

西元前743年，鄭武公病逝，兒子鄭莊公即位。莊公繼承下來的這個強大封國，不僅同周室矛盾重重，而且本國內部也勾心鬥角，權力之爭愈演愈烈。

共叔段是鄭武公次子，其母武姜因為生寤生（即鄭莊公）時難產而討厭他，曾多次請求鄭武公立共叔段為太子，武公未同意。鄭武公死後，寤生即位為鄭莊公。武姜請鄭莊公將制邑（今河南滎陽氾水鎮）賜給共叔段。鄭莊公表示制邑地勢險要，不能賞賜。武姜又請求把京（今河南滎陽東南）給共叔段，得到莊公允許，共叔段於是居住在京，人稱「京城大叔」。

大臣祭仲覺得公叔段占據京這個很大的都城，將來勢力一大，會威脅到國君的安全，勸鄭莊公不要這樣做。鄭莊公卻是一個老謀深算的人，他早已有了對付弟弟的辦法，便假

意地說：這是母親的意見，自己不敢反對。祭仲勸他不要讓姜氏和共叔段的勢力發展起來，莊公也裝出不在意的樣子。

共叔段到了京以後，首先使鄭國西邊和北邊的城已在接受鄭莊公統治時，也同時接受他的統治。他看到鄭莊公沒有什麼反應，於是，便進一步把西邊和北邊的城邑變成自己的私邑，力量愈益擴大。公子呂把這件事告訴了莊公，勸他快採取行動。莊公又坦然地說：「他們這樣做是自取滅亡！」共叔段看到鄭莊公對他不聞不問，更加膽大妄為，竟然做起篡權奪位的美夢，他的母親武姜也和他串通起來。他們怎知，鄭莊公早已布置好眼線，他們的一舉一動都被報告到鄭莊公那裡。

西元前 722 年五月，共叔段整治城郭，積聚糧食，修補裝備武器，充實步兵戰車，準備襲擊鄭國都城，又聯絡都城中的武姜為內應，屆時打開城門。鄭莊公聞知共叔段起兵日期，便命令鄭大夫公子呂率領 200 輛戰車攻打京城。共叔段兵敗，逃奔到鄢（今河南鄢縣北），鄭莊公又率兵追擊，共叔段被殺死。鄭莊公怨恨母親武姜與共叔段做內應，將其安置到城潁（今河南臨潁縣西北）居住，發誓不到黃泉永不想見。

鄭莊公剛處理好國內的問題後，開始把目光投向國外，他要像自己的父親那樣，走擴張吞併之路。

49

一、先秦帝王

當時，中原地區除鄭之外，還有魯、齊、宋、衛、陳、蔡等國，其中，齊國最大，離鄭又較遠，沒有危險，鄭莊公便盡力拉攏。魯國勢力很大，鄭莊公不想與之為敵，也盡力拉攏，形成鄭、齊、魯三國聯盟。

宋國和衛國也是相當強盛的國家，宋、衛加上附從於他們的陳、蔡兩國，形成了與鄭、魯、齊對抗的縱的聯合。但宋、衛的力量不及鄭、魯，而陳、蔡對宋、衛的態度還若即若離。

鄭莊公首先利用齊、魯的力量，戰勝宋、衛、陳、蔡，使他們屈從於自己。西元前712年，又糾集這些國家，共同出兵滅掉許國，將其納入自己的版圖。

許國是一個姜姓小國，在今河南許昌附近，是鄭向南擴張的障礙。滅許後，鄭莊公叫許國的大夫百里侍奉許叔居於許國東部，以安撫許國人民，服從鄭國的統治又叫鄭國的大夫公孫獲居於許國的西部，名義上是協助許叔、百里，實際上是進行監督。

接下去，鄭莊公又做了件更膽大妄為的事 —— 與周天子互換兒子作人質。周平王東遷後，雖然勢力大衰，但至少名義上是天下共主，眾諸侯表面上還不敢太過怠慢。鄭莊公此舉，讓天下人驚得目瞪口呆。

堂堂的天子，居然要拿自己的兒子到一個臣屬國去做人

質，這種奇恥大辱在周朝歷史上還是第一次。

後來，平王在位五十一年去世，他的孫子姬林嗣立，這就是周桓王。

姬林年輕氣盛，對莊公長期專擅朝政久懷不滿，於是決意解除鄭莊公在朝中的一切職務。這可氣壞了莊公。莊公忿然出朝，大罵：「孺子負心，不足輔也。」回國後，他立即採取行動，要給桓王點顏色瞧瞧。他派遣自己的軍隊衝進王家，將那裡的麥田收割而去；稻米熟時，再度收割，聲稱本國歲凶乏食，借點糧食，充充飢。桓王氣得七竅生煙。

鄭莊王的所作所為，讓周桓王忍無可忍。西元前707年，桓王親統王師，匯合了蔡國、衛國、陳國的軍隊，殺奔鄭國。周朝聯軍出師有名，聲勢浩大，軍事實力很強。鄭國這些年來雖然爭霸諸侯，但多是借助齊、魯的力量，自己的力量並不是很大。雙方在葛（今河南長葛縣以北）擺開戰場後，鄭莊公心裡沒底，大將子元獻計說：「陳國局勢很不穩定，軍士不想打仗。我們先打陳國，陳國軍隊必然逃散。周軍要照顧它，陣勢必然大亂。蔡、衛力量薄弱，必然先退。我們再集中力量打周的軍隊，就可以取得勝利了。」鄭莊公採取了他的計策。

戰役開始前，子元發現周朝聯軍擺出的是商朝以來的傳統戰法，非常陳舊，便向鄭莊公提出建議，將鄭軍布置成魚

網陣，以 25 輛戰車為一個單位，直趨蔡、衛弱旅。聯軍不敵。桓王見大勢已去，只好傳令收兵。鄭國大將祝聃遠遠望見了桓王，操起強弓，奮力發射，一箭正中桓王肩膀。

然而周天子畢竟是天下諸侯國的共王，眾怒難犯。鄭莊公很懂得進退的策略，當晚便派人送大群牛羊到桓王的行營慰問，一邊謝罪，一邊請求赦免。桓王損兵折將，身負箭傷，再也惹不起鄭莊公了，只得違心簽發了赦書。

自此以後，周王室斷了興復當年的威儀的念頭，再也不敢對諸侯發號施令了。

鄭莊公一生戰績顯赫，在春秋 170 個諸侯的紛爭中首先脫穎而出，開春秋五霸之先聲，儼然是當時的霸王，後世稱為「鄭莊小霸」。但鄭國是個中小型國家，國力畢竟有限。隨著齊、楚、晉、秦等大國的興起，鄭國失去了它的霸主地位。

西元前 701 年，東周歷史上第一個敢公然與天子對抗的雄主鄭莊公在榮陽去世，在位 43 年。

晉文公

晉文公（西元前 697 ～西元前 628 年），名重耳，晉獻公之子，母為狄族狐氏之女。西元前 655 年，因驪姬之亂，出奔至狄，後又輾轉齊、曹、宋、鄭、楚、秦等國，在外顛

沛流離達十九年，直至西元前 636 年，秦穆公發兵相助，重耳才歸晉為君。在位九年後去世。

重耳是晉獻公的次子，哥哥申生早已被立為太子，他還有夷吾等多個弟弟。兄弟八人本來生活得井然有序，平平安安，不想，半路殺出個驪姬來，一切都亂了套。

驪姬當了王后，加緊了迫害太子的步伐。這天，她對太子說：國君夢見你母親齊姜，你快回去祭祀吧。太子到曲沃去祭祀，帶來祭品獻給獻公，獻公剛好外出打獵，驪姬便在祭品的酒肉中放了毒藥。獻公回來，以酒祭地，酒使將土堆起來又將肉給狗吃，狗當即斃命再給宦官吃，宦官也馬上死去。驪姬哭著說：「這是太子的陰謀。」申生聞訊，逃歸曲沃。

有人勸太子申生辯解，申生認為：國君失去驪姬，就會居處不安，飲食不香。如果辯解，驪姬必然獲罪，國君也會因為驪姬有罪而不高興，因而他自己心情也不會愉悅。別人又勸他逃往國外，申生不肯走，不久便上吊自盡。驪姬害死申生，又誣陷重耳和夷吾，說太子想謀害獻公，他們倆也參與了。二人聽到風聲，各自逃回自己駐守的地方。這樣，獻公更信以為真，派寺人披到蒲地去捉拿重耳，寺人披當天就趕到蒲城，重耳在慌亂中跳牆而逃，被寺人披砍下一截袖子，重耳逃亡到梁國。

一、先秦帝王

重耳從 43 歲開始逃亡，流落異地他鄉 19 年，此時已是 60 多歲的老人了。然而，這 19 年的流浪生涯把他磨練成胸襟廣闊、政治手腕成熟的帝君。

對追隨自己多年、患難與共的那些人，晉文公多與重用。當秦穆公護送重耳回晉國，走到黃河邊時，狐偃將一塊寶玉獻給重耳，說道：「我隨公子風塵僕僕走遍天下，一路上冒犯您的地方很多。現在快要回國了，請您收下這塊玉留做紀念吧！」重耳知道狐偃的用意，深情地說：「回國以後，要是不跟舅舅同心同德，就同此玉！」說著，他就把那塊玉扔到河裡。跟隨他流亡的那些人於是與他一起勵精圖治，重振晉國。

對那些曾有負於己但又有真才識學的人，晉文公也能做到不計前嫌，委以重任。

初步穩定了國內局勢後，已經年邁的晉文公自覺當國君的時間不可能像齊桓公那樣長久，雄心勃勃地急著想當霸主，正好周王室內亂，為他提供了機會。

晉文公利用這個機會，以「尊王攘夷」為號召，會合諸侯，出兵救周，打敗姬帶，護送周襄王回洛邑。周襄王將南陽的溫、原等地賞給晉，大大提高了晉文公在諸侯中的威望。

接著，晉文公決心打擊已經嚴重威脅中原各國的楚國的勢力。這時，楚的勢力已深入北方：漢水流域的伯多姬姓小

國，早就被楚國全部滅掉；陳、蔡兩國和楚國結成了同盟；鄭、許、曹、衛、魯等國也時而倒向楚國一方；宋襄公的「仁義」之師，也被楚國打得一敗塗地。為了達到攻宋、侵齊，威脅秦、晉和周室的目的，楚成王集結了大量的兵力。中原與楚國的戰爭不可避免。

晉軍打下了曹國和衛國後，楚軍不得不撤出宋國，宋國的包圍解除了。但剛愎自用的楚國大將軍子玉不願意就這樣輕而易舉地放棄宋國，在楚國的援軍到達以後，子玉的態度更加驕橫起來，派人對晉文公說：「如果晉國恢復曹國和衛國，我也不打宋國。」晉文公既想結好曹、衛、宋，又不想向楚國讓步，於是他一面暗暗允許恢復曹國和衛國，一面扣留了楚國的使臣。子玉怒不可遏，率領楚軍，瘋狂地向晉軍撲去。春秋時期最有名的一次大戰——晉楚城濮之戰，就在楚軍步步進逼之中發生了。

開戰之前，狐偃對晉文公說：「當年國君流亡楚國時，親口許下退避三舍（一舍三十里），如今可不能食言啊！」

晉國的將領們說：「時過境遷，別提那一套老黃曆了。」

狐偃說：「打仗講究的是理直氣壯。退避三舍，並不單純是個履行諾言的問題，它還能使我們站到正義與公理這一邊，官兵看到國君講信用，我們的『理直』，部隊的士氣高漲，就會『氣壯』，就能一鼓作氣，勇猛頑強，克敵制勝。」

聽了狐偃的一席話，晉文公下令晉軍後退 90 里，一直退到城濮（今山東濮縣南）。楚軍見晉軍後撤，步步近逼，一直追到城濮。

西元前 632 年 4 月 4 日，會戰開始。不可一世的楚軍精銳，直奔晉國中軍的陣地。晉國大將狐偃裝作抵擋不住的樣子，扭頭便跑，還用戰車拉著樹枝揚起塵土，顯得十分慌亂。而先軫統率的晉軍，殺向側翼的陳、蔡聯軍這個薄弱環節。駕車的戰馬全都蒙上了虎皮。聯軍的戰馬被嚇得狂奔亂跳，晉軍乘勢殺來，聯軍死傷無數。於是，楚中軍進入晉軍的伏擊圈，晉國精銳的中軍馬上殺個回馬槍，與得勝的先軫入宮，鐵壁合圍，前後夾擊，把楚軍殺得七零八落。

晉大敗楚國，晉文公將戰俘及戰利品獻給周室，以求封賞。周天子派欽差大臣王子虎封晉文公為侯伯（諸侯首領），晉文公欲擒故縱，再三辭謝，而後才叩首受封。周室為此還專門作了一篇《晉文侯命》以頌其功。

晉文公在成就霸業的同時，開始報復流亡期間待之無禮的諸侯國。晉文公五年（西元前 632），晉伐衛，分其地予宋。同年，晉伐曹，俘虜曹共公。晉文公七年（西元前 630）九月，晉國聯合秦國，舉兵伐鄭，晉文公強迫鄭國立公子壯為太子才退兵。在經濟上，晉國向各小國徵收貢賦，而且貪求無厭。

晉文公在位九年，於西元前 628 年去世，年七十歲。晉文公在短時間內成就霸業，聯秦抑楚，要挾周天子，其輝煌勝於齊桓公。

楚莊王

楚莊王（？～西元前 591），羋姓，名侶，楚成王之子。西元前 613 ～西元前 591 年在位。他整頓內政，興修水利，攻滅庸國，勢力大振。討伐陸渾戎，向周天子問九鼎，敗晉伐陳，使中原小國競相依附。

西元前 613 年，楚莊王即位。晉國趁這個機會，把幾個一向歸附楚國的諸侯又拉了過去，訂立盟約。楚國的大臣們很不服氣，都向楚莊王提出要他出兵爭霸權。

偏偏楚莊王不聽這一套，他白天打獵，晚上喝酒，國家大事都不放在心上。楚莊王就這樣窩窩囊囊地過了三年。

這三年，他早把朝中所有的大臣裡裡外外、清清楚楚地看了個明白，於是就罷免了一批拍馬屁、不做正事的人，提拔了一批如伍舉、蘇從這樣德才兼備的人，楚國迅速振興起來。

西元前 611 年，楚莊王滅庸，穩定了大後方，開始向北擴展，準備經營中原。這自然與中原霸主晉國產生利害衝突，晉、楚爭霸由此拉開序幕。

一、先秦帝王

　　西元前 608 年秋，楚莊王以陳、宋叛楚附晉為由，率軍伐陳、宋。晉國知道消息，亦出兵。晉趙盾率軍與宋、陳、衛、曹的軍隊在林（今河南新鄭北）會合，準備討伐鄭以救陳、宋。楚賈率軍救鄭。兩軍在北林（今河南鄭州市東南）相遇，雙方展開大戰。結果，楚軍戰勝晉軍。

　　楚莊王連戰連勝，不可一世，自認為天下第一，居然做出陳兵於周王室郊外、問周天子九鼎輕重之舉，這在當時可謂是最大的大逆不道。

　　鼎是古代國家權力的象徵，楚莊王問鼎，有取代周室之意，「問鼎中原」成語即源於此。

　　西元前 597 年，楚國攻鄭，晉國自然不會袖手旁觀。晉景公派荀林父為大將，先軫的孫子先縠為副將，率領兵車六百輛，去援鄭國。到黃河岸邊時，鄭已投降。

　　晉軍主將荀林父，決定退兵。副將先縠卻擅自帶領一隊兵車，渡過黃河追擊。荀林父威信不高，部將有的準備隨主將回國，有的準備隨副將渡河作戰，荀林父只好下令：全軍渡過黃河。

　　兩國軍隊戰於鄭國的鄴城（今河南省鄭州東）郊處。楚軍撲向晉軍不多時，就把晉軍打得潰不成軍。荀林父為了保存實力，下令說：「先退過河去的有賞！」

　　晉軍爭相上船，先上船的人用刀砍攀船舷人的手指，落

在船中的手指多得可以用手捧起來。經過一天的交戰，到黃昏時，晉國剩餘的士兵已經潰不成軍，夜裡渡河，喧鬧不已，直至天明。

楚軍取得勝利後，楚將建議收取晉人屍體疊起來以表彰武功。楚莊王認為武功是用來禁止強暴、消弭戰爭、安定百姓、豐富財物的。現在讓兩國士兵暴露屍骨，誇耀武力以使諸侯畏懼，就不能消弭戰爭。於是楚莊王命令在黃河邊上祭祀河神，修建先君神廟，報告勝利，然後回國。

西元前 591 年，楚莊王死。楚莊王是楚國最重要的君主，在位二十三年，雖然作為五霸之一，他的勢力遭到以晉為首的中原諸侯的抵抗，未能控制中原，但是他控制了南中國，影響了中原。他在運用戰爭手段時，能較為清楚地注意不使戰爭脫離政治，是春秋時期頗懂得一點戰爭與政治辯證關係的軍事統帥。在他統治期間，楚國政治、軍事、經濟勢力都達到巔峰，楚文化也發展成形。

秦穆公

秦穆公是按照兄終弟及的傳位體系登上歷史舞臺的。其父秦德公共生三子，他是老三。德公死後，老大即位，史稱宣公。宣公有子九人，但傳位給二弟，史稱成公。成公有子七人，也學大哥的樣，臨死前把國璽交給了三弟。

一、先秦帝王

　　風華正茂的穆公出手不凡，於登位改元之年（西元前659 年），親自帶兵跨過黃河，滅掉了一支盤踞在茅津（今山西平陸縣）的西戎。本來，對於尚處於游牧階段的戎、狄作戰，是當時中原諸侯普遍面臨的任務。可是，隔居西北，向來不受諸侯重視的秦國，竟有強渡滔滔黃河揮戈東進的能力，著實把一直將這一帶看作自己勢力範圍的晉國嚇了一跳，趕緊枕戈寢甲，嚴陣以待，準備等它再來耀武揚威時，好好教訓一下。

　　又是一個意料之外：侯秦人再次渡河時，派來的不是野戰兵團，而是一個以親貴公子縶為首的求婚使團。原來穆公還未娶妻，聽說晉君獻公的長女伯姬美貌賢淑，特來求親。

　　獻公從沒想過這個問題，思量再三，他預計秦國必將強盛，把女兒嫁給穆公作為感情投資也不失為一良策。後人用「秦晉之好」比喻兩姓聯姻，就是這個典故。

　　於是伯姬被秦國派人來敲鑼打鼓地娶走了。但獻公卻不願看見這個女婿跨過黃河摳老丈人嘴邊的肉，趕快把虞、虢兩國滅掉，控制住了秦國通向中原的咽喉桃林寨。

　　從未和中原諸侯發生結盟關係的秦國，不僅透過秦晉聯姻結起了一條連桃林寨也沒法阻隔的裙帶，還使秦穆公意外地得到了一批國外人才，從而推動了他的稱霸事業。

　　穆公先娶美貌夫人，復得濟濟人才，趁著喜事接踵的興

頭，開始規劃興國藍圖。依百里奚和蹇叔的彰霸方略，秦國能否強大的關鍵，就在於能否妥善解決好戎狄問題。「二相」任職未久，穆公就派孟明視、西乞術和白乙丙「三帥」出征，先將屢屢侵掠秦人的姜戎吾離部戰敗，迫使吾離逃往晉國，遂占有瓜州（今甘肅敦煌）一帶。現在又得到了通曉西戎情況的由余，穆公馬上策劃新的伐戎計畫。

這一仗，仍以「三帥」指揮，因為由余提供了詳細的西戎地形與部署兵力的資料，戰事推進很順利。赤斑自省抵敵不住，只得請降。赤斑一降，過去受他役使的陝甘一帶的許多戎人酋長，無不悚懼，紛紛前來洽降。秦國的疆土和民眾一下子擴充了許多。

但是，秦穆公想跨過黃河往東推進的念頭，卻始終受到他老丈人陳兵河西的嚴密軍事部署的扼制。俟老丈人死去，晉國發生了動亂，繼任國君的公子奚齊和公子卓子，先後被大臣殺害。照當時通行於諸侯間的慣例，流亡在翟國的公子重耳和流亡在梁國的公子夷吾，都有回國填補權力空缺的資格。而以秦晉比鄰且聯姻的關係，哪一個能得到秦國的支持，就算是獲得了國際聲援的一半。秦穆公對自己所處的這種優勢十分清楚，馬上打起如何透過干涉別國內政來達到自己目的的主意。

遵照穆公的指示，公子縶以特使身分，打起弔唁獻公的

招牌，先後出訪翟、梁兩國，考察重耳和夷吾的為人，借此試探他們當政後對秦的外交方針。重耳婉言謝絕了公子縶關於秦國願幫助他回國取得政權的暗示。夷吾正好相反，馬上與公子縶舉行祕密會談，主動起草了一份密約。密約提出，倘能在秦國支持下回國當政，即割河外五個城市給穆公為東擴的據點。此外，晉國願將西南部的邊境收縮到東至虢國舊境（今河南陝縣），南及華山，內以解梁（今山西臨猗西南）為界。界外土地，悉歸秦國占有。這個急於攫取晉國政權的政治流亡者還在奉獻割地密約的同時，以四十鎰黃金和六雙玉珩向公子縶行賄，囑他回國後一定促成此事。

不費一兵一卒而得河外五城，且能使夢寐以求的往東擴張計畫獲得實現，秦穆公能放棄這天賜良機嗎？他馬上派公孫枝率領戰車兵團護送公子夷吾回國。夷吾順利地在絳都舉行了登位儀式，史稱晉惠公。

秦穆公回去等著晉惠公給他割城讓地，而晉惠公在上臺以後，卻背棄前言，根本沒有履行先前同秦國訂立的「密約」，也不割讓河外五城作為秦國助他復國的酬謝。與此同時，晉國統治集團內部又有人合謀推翻惠公，迎立重耳，沒有成功，參與合謀的不十豹逃到秦國，謀求秦國給予軍事干涉。穆公很想借此機會，報復惠公的背信之怨。蹇叔堅決反對，認為師出無名。百里奚也說，反正晉國政局不穩，不妨

靜觀其變化，等待機會。

三年後，晉國遇上天災，莊稼歉收，倉廩空虛，忙派慶鄭為特使赴秦，籲請緊急援助。丕十豹向穆公獻策：這正是趁勢滅晉的天賜良機。蹇叔、百里奚和由余、公孫枝等，卻異口同聲反對，以為旱澇災情，何國無之？救災恤鄰乃情之常理，乘人之危則逆天道。穆公接受了他們的意見，把大批糧食運到渭水，用船順流而東達於黃河，然後溯黃河達於汾水，運抵晉都絳城。一時間，渭、河、汾、絳水道上，糧船相接，史稱「泛舟之役」。這是中國歷史上見於文字記載的最早的一次利用河道大量運輸的行動，也是一場規模空前的國際救援活動，不唯使晉國人民擺脫了餓死的危機，更為秦國帶來了新的國際聲譽。

巧得很，「泛舟之役」的第二年，秦國也發生了災荒，晉國的收成卻不錯。穆公忙派人去晉，要求晉國賣一批糧食給秦國度荒。惠公不但不許，還讓來人捎個口信回去：「要食晉粟，除非用兵來取！」

秦穆公被激怒了，遂親率大軍伐晉。結果是晉軍大敗，惠公被秦軍生俘，裝進囚車送往秦國。

用何方式結束這場戰爭，秦國君臣間提出各種方案。公子縶提議殺掉惠公，另立重耳。公孫枝以為莫如讓他交割河外五城並使太子圉來秦充當人質後，仍送他回國為君。穆公

傾向公孫枝的意見，尚未定議時，後院卻起火了──他的夫人伯姬是惠公的姐姐，聽說兄弟被裝進囚車送來，馬上讓包括太子在內的子女們全換上喪服，隨她一起登上堆滿柴草的高臺，再派人通知丈夫：只待晉君進入國都，便點火自焚，以表姐弟情誼！嚇得穆公趕緊作出改用國君之禮護送惠公去靈臺山小住的決定。

平息後宮風波後，穆公即派公孫枝為代表赴靈臺山與晉君談判。急於回國的惠公完全接受秦國的條件，立即通知國內派人攜帶河外五城地圖和戶口錢糧等文件赴秦，就地辦妥移交手續。秦國乃用隆重禮節送惠公回國。不久，晉太子圉依靈臺條約，入秦為質。

太子圉到秦國後，穆公依公孫枝意見，將他作為親秦勢力培養，除供給他優厚生活待遇外，還把女兒懷嬴嫁給他為妻子，是為秦晉再次聯姻，兩國相安數年。

其後，惠公病重，無法親自主持朝會。晉國的盟友梁國則因國君不恤民力，大事樓臺館舍建築，民怨沸騰，紛紛亡入秦國。穆公見有機可趁，即命百里奚統軍滅梁，使秦國東部邊界擴至黃河龍門古渡一帶。沒想到這一來引起了太子圉的恐慌。原來梁國是其母舅家，梁的滅亡，使他感到失去外援。倘惠公一死，他未必能繼承君位。心亂意煩間，偏偏沒想到丈人穆公比母舅更有力量這一點，竟拋下妻子，不辭而

別，一口氣跑回晉國準備接班。

這可把穆公惹惱了，辛苦培植多年的親秦分子說走就走，還把自己的女兒扔為棄婦！立即向臣屬表示：「夷吾父子，俱負寡人，寡人一定要報復！」立派公孫枝出使楚國，把流亡在楚的重耳迎至秦國，蓄意幫助重耳重返晉國政壇。

重耳來到秦國時，惠公已去世，太子圉即位，史稱晉懷公。懷公閉口不提從秦國迎回妻子，等於宣告秦晉聯姻的破裂。穆公更加憤怒，乾脆讓懷嬴嫁給重耳。懷嬴說：「我已嫁過一個丈夫，豈能再婚？何況重耳是圉的叔父。」穆公道：「你那個丈夫早把你忘了。我看重耳人品好，擁護他的人很多，日後肯定能當晉國國君，那時你就是國君夫人。這也是為了維護秦晉兩國世代聯姻嘛。」

懷嬴想了很久，最後表示：「既然這場婚姻關係到兩國友好，我怎能只顧惜個人名聲呢？」

重耳當上穆公女婿的次年，便由秦國派出重兵護送回國，殺了懷公，奪取了國君寶座，史稱晉文公。接著，又在秦國幫助下粉碎了懷公餘黨發起的政變，這才使其統治獲得穩定。遂親自至雍都迎回懷嬴，立為第一夫人。穆公以精兵三千護送，稱為「紀綱之僕」。意思是女兒去婆家後，凡門戶僕隸等勞役，都由娘家帶去的秦卒擔當。以後人們常用「紀綱」泛指家奴，即出典於此。

一、先秦帝王

　　秦穆公幫助晉文公上臺，使秦晉兩國的友好關係得以恢復，不過這種關係的走向並不朝他最初的願望去發展 —— 不是穆公利用這份投資獲得進一步向東方擴張的便利，而是文公利用秦國成為其忠實盟友的條件，很快成為繼齊桓公之後的新的中原霸主，反過來倒使秦的東進鋒芒受到遏制。

　　穆公心裡不舒服，但多個朋友總比多個敵人好，所以對女婿的霸業仍持支持態度。不久，晉文公藉口鄭國親近楚國，親自舉兵伐鄭，邀約秦國聯合行動，穆公馬上領著大軍前往鄭國與晉軍會師。兩軍分別從東西兩面，將鄭國的都城圍住。

　　眼看鄭國危亡在即，早就冷眼看出秦晉間微妙關係的鄭國老臣燭之武於深夜縋城而出，來到秦營求見穆公，針對其既不願看到晉國過分強大，更想往東方擴張的深層心態，發動了一場凌厲的心理攻勢，痛陳鄭國覆滅只會有利於晉國而不利於秦國的利害關係，並表示如果鄭國保留下來，對秦國大有好處。因為秦國今後要向東方發展，免不了有使臣往來，而鄭國正可擔負起「東道主（人）」的義務，為秦使提供衣食住行的方便。後人常以「東道主」、「做東」代指居停主人或以酒食請客者，就是用這個典故。

　　燭之武的分析，句句擊中穆公的思想要害，乃當場與他歃血為誓，結為盟友。不但立刻傳令撤軍，還讓杞子、逢

孫、楊孫三員副將率領二千秦兵留下來幫鄭國戍守。

　　秦國背晉助鄭，使晉文公一舉滅鄭的計畫不得實現。當時晉臣狐偃建議追襲秦軍，文公礙於翁婿情面，復念秦國相幫自己奪取政權的恩德，沒有採納這個公開扯破臉皮的意見，但秦晉友好關係因此不復存在。

　　秦軍拆臺事件發生後不到兩年，原與秦國結盟的鄭國國君死了，接替他的新君奉行投靠晉國的外交政策，這使秦穆公感到「東道主」的承諾已付諸東流。緊接著，晉文公亦因病死去，轟轟烈烈的霸主事業維持了八年便劃上了句號。

　　兩件事湊合在一塊，撩撥起穆公借此機會向東拓展的雄心。恰巧，留在鄭國幫助戍守的秦將杞子偷偷派人回國報告：鄭國讓他掌管北城門的鑰匙，倘若秦軍悄悄開來，他可打開北門接應，則鄭國唾手可得。後人以「北門鎖鑰」泛指關隘重鎮，原始出處就在於此。

　　杞子的提議，恰與穆公的計畫一拍即合，遂同「二相」商議奔襲鄭國，並設想滅鄭之後，拿鄭國土地交換晉國的河東土地。豈知蹇叔和百里奚異口同聲，堅決反對。他們認為這樣長距離的遠征不僅不可能做到保密，而且部隊也會因長途跋涉喪失戰鬥力。何況利用駐軍他國的方便來暗算人家，也有背於信義。一心想東擴的穆公不甘放棄這個機會，堅持任命孟明視為將，西乞術、白乙丙副佐，帶領戰車兵團出征。

一、先秦帝王

秦軍經過洛邑時，鄭國有個叫弦高的商人，正趕著牛群去東周王畿販賣，途經黎陽津（今河南滑縣北）時，聽到了秦國出動大軍偷襲鄭國的消息。商人逐利為務，但弦高卻富有愛國意識，當時聞訊大驚。欲待回國通報，已來不及。急中生智，一面派人星夜飛報鄭國，一面選了二十頭肥牛，抄小路去迎秦軍，恰在滑國相遇。

弦高求見秦軍統帥孟明視，自稱是鄭國派來的使者：「鄙國國君早已知道您統率大軍來鄭，特派我來犒勞。」說著，把二十頭肥牛獻上。孟明視暗吃一驚，心想鄭國既然已知秦軍奔襲消息，一定早有防備，則偷襲必然不成。便故作神祕地悄聲對弦高道：「我軍是為滑國而來，豈敢及鄭？」

當夜三更，孟明視指揮秦軍攻破滑國，搶掠一翻後，回師西行。由於弦高的機智，鄭國才免去一場劫難。鄭國國君得到他的通知後，即派老臣燭之武去察看杞子、逢孫和楊孫三人動靜，果見代戍北門的秦軍已厲兵秣馬，整頓器械，作好了裡應外合的準備。「孟明視一夥已行至周、滑之間，你們打算去會師嗎？」燭之武故意問道。

杞子等人大驚，情知陰謀已敗露，連夜逃離鄭國。

倘事態發展到此為止，還只是滑國晦氣。唯晉國君臣見文公剛死，秦國便迫不及待地向東方擴張，襲鄭滅滑，來去都從晉國經過，卻連招呼也不打一聲，分明是對晉國主權的

蔑視，無不憤怒。於是策劃在秦軍回師必定經過的崤山，設下埋伏，以便給它個厲害嘗嘗。當時晉文公的靈柩尚放在曲沃（今山西聞喜縣東北），還沒下葬。新君襄公身穿黑色喪服，親臨戰場，將士同仇敵愾。後人每以「墨縗興師」指稱服喪用兵，就是這個典故的運用。

周襄王二十五年（西元前 627）夏四月，東周歷史上著名的伏擊戰例——崤山之役爆發了。率領滅滑秦軍奏凱而還的孟明視，指揮部隊長驅直入崤山谷地，被埋伏在此的晉軍採用卡頭、斷尾、斬腰的戰術，分割圍困在上天梯、墮馬崖、絕命岩、落魂澗、鬼愁窟、斷雲峪等險惡地段上。在平原作戰中威猛無敵的秦軍戰車兵團，至此全無英雄用武之地。最後，晉軍以俯射輔以火攻，秦軍死傷大半，所有輜重以及從滑國所得戰利品，盡為晉軍繳獲。從未打過敗仗的「三帥」，俱被生俘。

按照晉國君臣的既定方案，「三帥」的命運是先受獻俘太廟的恥辱，隨即處死。襄公的母親正是那位願為秦晉世世友好獻身的懷嬴夫人。她對兒子說，秦晉一向和睦，都是「三帥」貪功才惹出戰爭，不如放他們回去，讓你外公自己處罰他們。襄公忙遵命照辦。中軍元帥先軫正在吃飯，聽說此事，丟下飯碗便來見襄公，一口唾沫吐在國家元首的臉上，破口大罵：「咄！臭小子如此不明事理！將士們歷經千

69

辛萬苦，才抓到這三人。娘們說一句，你就給放了？你放虎歸山，改日後悔莫及！」

襄公被元老一罵，猛然醒悟，一面拭去臉上唾沫認錯，一面急命陽處父將「三帥」追回。可是等陽處父趕到黃河渡口時，「三帥」已乘船抵達中流了。

秦軍精銳覆滅於崤山伏擊戰的噩耗，早已傳至秦國。遠征軍將士的遺屬們莫不望東遙奠，痛哭流涕。

再過幾天，有消息傳來，謂孟明視等三人已被放回。國中輿論，皆以為這三人喪師辱國，其罪當誅！穆公為之辯解道：「孟明視一定會為國雪恥的。」

秦軍由蒲津關出兵，渡過黃河後，孟明視即下令把所有的船燒掉，表示有進無退，激勵三軍報仇雪恥，史稱「濟河焚舟」。秦軍將士同心，士氣大振，一舉攻下王官（今山西聞喜縣南）及郊（今山西運城）兩地。

當初被晉軍攻占的兩座秦城的民眾，聽說秦軍伐晉獲勝，立刻發動武裝起義，趕走了晉君派來的官兵，重歸秦國版圖。

其後，穆公聽從由余的策劃，銳意西北地區的經營，相繼降服西戎二十餘國，開闢土地一千餘里，由戎人同尊為「西戎霸主」。周襄王聽說後，念及祖宗東遷洛邑，就是因為抵擋不住西戎的侵擾，想不到穆公憑一國之力，創下這等

大業，感慨不已。遂特命尹武公為專使赴秦，向穆公賜以金鼓，表示祝賀。

周襄王三十一年（西元前 621）春二月，一代霸主秦穆公因感風寒患病不治，逝於秦都。享年 69 歲，計在位 39 年。

齊桓公

岱岳堆雪，汶水冰封。東周莊王十一年（西元前 686）隆冬，一場宮廷政變使地處山東半島的齊國陷入了棟折榱崩、冰天雪地的絕境：國君齊襄公被其策動暴亂的堂弟公孫無知殺害。次年春天，大臣雍廩又殺死無知。齊國出現了權力真空。

有資格當選新君的是兩位正旅居國外的齊襄公的異母兄弟：公子糾在魯國，公子小白在莒國。聽說國君寶座正空在那裡，兩人都急著要回國奪權。

公子糾的母親是魯國人。魯莊公決定親自護送公子糾回國。當初隨公子糾一起來魯國的師傅管仲說：「莒國距齊國很近，萬一讓公子小白先進齊國，麻煩就大了。讓我先帶一支人馬把公子小白截住。」

不出管仲所料，公子小白正在其師傅鮑叔牙的陪同下，由莒軍護送往齊國疾馳，沒想到途中遇到管仲攔截。管仲拈弓搭箭，「嗖」地一聲，箭鏃直向小白飛去。

一、先秦帝王

「哎喲！」小白大喊一聲，口吐鮮血，倒在車上。

「行了。」管仲認定小白已死，從容地收起弓箭回稟魯君，不慌不忙地護送公子糾回到齊國去。哪知道，他射中的不過是公子小白的帶鉤。

六天後，當公子糾一行悠哉游哉地來到齊都臨淄（今山東淄博市東北）城郊時，機警的小白已搶先進入臨淄升座，史稱齊桓公。

齊桓公運用權變，捷足先登，令魯國三軍白跑一趟。魯莊公不肯罷休，即屯兵臨淄以東的乾時（今山東桓台縣南），欲以強大的武力威懾，迫使他讓位給公子糾。桓公趁魯軍立足未穩，發起攻擊。結果魯軍大潰，乘勝追擊的齊軍一直越過汶水，還奪取了魯國境內的汶陽。緊接著，鮑叔牙又自請統領三軍抵汶，兵壓魯境，逼迫魯國殺死了公子糾，交出其另一個師傅召忽及管仲。召忽不肯回國，自殺而死。管仲被魯人裝在囚車內交給齊人。

外患消弭，政敵剪除，站穩腳跟後的齊桓公馬上給援立有功、禦敵有方的群臣敘勳行賞，要任鮑叔牙為上卿，委以國政。鮑叔牙卻推讓說：「臣只能循禮守法，並非治國之才。」

「愛卿還不能治國，誰能治國？」齊桓公大異。

鮑叔牙嚴肅地回答：「管仲！」

桓公迄今還保留著管仲要害死自己的那一支箭，恨不得

生啖其肉。但聽了鮑叔牙的議論和舉薦後，不但沒辦他的罪，還拜其為相國，委以重任。

這時的齊桓公剛滿三十歲。赦免和重用管仲之舉，不僅是其胸懷豁達的反映，更顯示出這位青年君主立意開創一代豐功偉業的遠大志向。

急於求成的齊桓公，巴不得一口吃成個大胖子。來年春天，他不肯聽從管仲勸阻，親自率領齊國大軍發動了一場伐魯戰爭。結果在魯境長勺（今山東曲阜縣東北）遭到魯軍強力反擊。這便是春秋戰史上著名的「長勺之戰」。

「這都是寡人不聽相國高見所致，」狼狽返回臨淄的齊桓公一見管仲，便羞愧地說，「今後該怎麼做，全聽你的。」

管仲把行政重點轉移到國內改革上，三年後，齊國大治，經濟和軍事力量都有了長足發展。

按照管仲的策劃，齊國特使來到洛邑，向新登基的天子周釐王朝賀，同時提出請頒王命確定宋國新君的要求。不出管仲預料，釐王因王室早被人冷落，想不到還有齊侯這麼一個大國來捧場，高興不已，當即表示：「伯舅不忘周室，乃是寡人的幸運。泗上諸侯，全聽伯舅左右！」

特使回報，齊桓公馬上以「王命」通報宋、魯、陳、蔡、衛、鄭、曹、邾等國，約以三月初一，在北杏（今山東肥城縣南）召開各國首腦會議。屆時，宋桓公子御說率先抵

達與東道主桓公先期會晤。接著，陳宣公媯杵白、邾子曹克、蔡哀侯姬獻舞等相繼來到。但見會場上築起高達三丈的禮壇，設有象徵天子權威的王座，左右鐘鼓玉帛等一應禮器俱全，招待赴會者起居的館舍設備也很精美，反倒不見一點兵戈之類的陳設。於是諸侯無不感嘆：「齊侯推誠待人。」

原來這也是管仲的主意。過去諸侯有雙邊會晤或訂立盟約等外交活動，多以兵車相隨。齊桓公在布置會場前，也曾這樣打算過。管仲說：「主公是奉天子之命召集諸侯，何用兵車？請開成一個禮儀之會。」現在果然收效。

開會時間到了，齊桓公提議先推舉一位會議主席。使權有所屬，然後可代替天子發號施令。大家議論：照尊卑秩序，宋乃以公爵封國，齊只是侯爵，可是宋公新立，這一回還是賴齊侯替他請命，確認政治身分。旋由陳宣公倡議，一致推選齊桓公任大會主席。桓公故作姿態，謙讓一番，然後便昂然上壇，站在「王座」一側，率領大家向天子座位行禮，並互相致禮。會議過程中，以齊桓公領銜，大家簽訂了以「共獎王室」為宗旨的盟約，史稱《北杏宣言》。

北杏會議後，齊桓公借用「王命」操縱國際事務，由此跨入稱霸事業階段。

正當齊桓公在中原各國聲望日隆之時，南方的楚國也日益強大起來，並有問鼎中原之志，在先後兼併掉申、息、鄧

等一些小國後，開始對黃、蔡、隨等國施加壓力，甚至準備北伐鄭國。這樣，楚、齊爭雄就難以避免。

周惠王十八年（西元前 659），齊桓公在犖地（今河南淮陽縣西北）召集魯、宋、鄭、曹、邾等國國君開會，共商幫助鄭國抵制楚國進攻的大計。管仲的意見是以討蔡為名，由蔡及楚，給對手一個「出其不意」。

蔡、齊本是友好國家。蔡穆公把妹妹嫁給桓公，挺受喜愛。可是有一次，桓公與她共蕩小舟於池上，採蓮為樂時，她掬水潑灑桓公取樂。桓公阻止她這樣做，反倒使她想起桓公怕水的弱點，故意把小舟晃來蕩去逗桓公。桓公一怒之下派豎貂將她送回娘家。蔡穆公也發火了：「這不是故意跟我國絕交嗎？」一賭氣，把妹妹嫁給了楚國國君，從此背齊從楚，這就給桓公討蔡提供了一個藉口。

犖地會議後，桓公又和宋國一起，把已經依附楚國的江、黃兩國國君請到陽谷來訂立祕密同盟，擴大了抗楚陣線。到周惠王二十一年（西元前 656）春，桓公糾合宋、魯、陳、衛、鄭、曹、許各諸侯，連同齊國兵馬，組成八國聯軍，進攻蔡國。豎貂自請先率一支尖兵，潛行掠蔡。孰知蔡侯派人偷偷向其行賄後，他把本次聯軍以討蔡為名伐楚為實的策略機密，全部洩露給了對方。

豎貂洩密使楚國及時做好了抵抗八國聯軍南下的軍事部

署，雙方在陘地（今河南郾城縣南）形成策略相持。由於管仲出色的外交才能，使楚國與聯軍在召陵（今河南郾城縣東）簽訂和約。齊桓地位，霸主透過昭陵和約使楚國認可，楚國也恢復了中斷近百年的對周王室的朝貢。

遏止住楚國北進勢頭並使其尊戴周王，把齊桓公的聲望推向一個新的巔峰。這時周王室內部在繼承人問題上，出現了嫡庶之爭的危機。桓公運用個人的威信，在首止（今河南睢縣東南）召集諸侯會議，確立了王太子姬鄭的接班人身分。及惠正二十五年（西元前652）冬天，天子駕崩後，桓公又在洮（今山東鄄城西）發起諸侯會議，用強大的聲援迫使阻撓姬鄭即位的勢力知難而退。運用諸侯力量安定王室，齊桓公在其稱霸事業史冊上，寫下了最得意的一筆。

姬鄭順利即位，史稱周襄王。為了感謝桓公對自己的支持，襄王於改元之年（西元前651）舉行過春祭後，特地派周公宰孔給他送去祭肉。按周勃禮制規定，天子祭祀祖先的祭肉，只分給同姓兄弟之國，以表示他們之間的血親關係。齊國姓姜，卻能獲得祭肉，體現了天子對他的特別尊崇。如此「殊榮」，哪能悄悄地讓它過場呢？

預先得到賜祭肉訊息的桓公通知諸侯，在葵丘（今河南蘭考、民權縣境）舉行大會。宰孔依照桓公的願望，把祭肉送進會場。

賜胙之外，葵丘之會的另一項重要議程是重申盟約。其聲言：凡加入我同盟的各國，要和平相處。《葵丘宣言》還有若干加強經濟合作、鼓勵自由貿易及禁止女人干政的內容。

齊桓公自稱一生「九合諸侯，一匡天下」，葵丘會議就是「九合諸侯」中最後亦是最著名的一次。由於賜祭肉節目的加入，他的聲望至此達到巔峰。

葵丘會議後七年，管仲因病逝世彌留時，奉勸桓公今後要遠離「三貴」。桓公很奇怪：「這三個人侍奉寡人已久，為何從未聽仲父這樣說過？」

「臣所以不說，是不想拂逆主公喜好。」管仲嘆氣道，「他們好比是水，臣是堤防，能遏止泛濫。現在堤防沒了，將有橫流之患。因此主公宜避開他們。」

管仲死後，齊桓公當即攆走易牙、豎貂和開方，不許入朝。沒想到這樣一來，食無味，睡不安，生活沒了情緒，臉上的笑容也消失了。長衛姬說：「主公老了，何必折磨自己？先把易牙召來掌廚，開開胃口。豎貂和開方也會不召自來。

桓公乃召易牙，鮑叔牙責備他忘了仲父的話。桓公不以為然：「這三人於寡人有益，對國家無害。仲父所言，未免太過！」索性將豎貂和開方一起召來，均予復職。

鮑叔牙憂憤發病而死。從此，齊國權柄落到「三貴」手

中。不久，桓公病重，卻無一人管他是死是活。彌留的桓公想喝一口熱水亦不得，憤怒地喊道：「天啊，天啊！小白就是這樣完蛋的嗎？」恍惚間，突然想起管仲要他遠離小人的告誡，不禁悲嘆：

「我死後，若無知也就罷了。倘有知，有何面目見仲父於九泉之下？」

旋以衣袂自掩其面，連嘆數聲而絕。享年 73 歲。時為周襄王九年（西元前 643）冬十月。計在位四十三年。

二、秦漢帝王

秦始皇

　　秦始皇姓嬴，名政，生於西元前 259 年。母親是趙國邯鄲豪家女，「姿容絕美」，善歌舞。秦始皇高鼻子、大眼睛、胸向前突、說話「豺聲」、「性悍勇」。西元前 246 年，其父莊襄王死去，嬴政繼承王位，這年，他才 13 歲，按照秦國制度，要 22 歲才能親政。國事暫由相國呂不韋等掌管。

　　秦在東周時還是個僻處陝西中部文化落後的小國，在秦始皇前就出了幾個英明的君主 —— 穆公、孝公、惠文王、昭王。在他們的經營下秦國逐漸強大起來，到秦始皇即位時，秦的疆土已擴展到現在的甘肅、四川、湖北的西部、湖南的西北角、山西南部、河南的西部和中部，成為七國中最先進最強大的國家了。秦始皇就是在這個基礎上，順應了社會發展需求和人民要求統一的願望，完成統一中國大業的。

　　秦始皇是位傑出的政治家，他會用人和把握時機。他重用李斯和尉繚，制定了一個統一六國的策略、戰術。策略是：一面派姚賈等人帶了金錢財物到各國去收買各國的權臣將相，削弱各國的抗秦力量一面運用「遠交近攻」的策略，派「良將隨其後」，政治軍事雙管齊下，逐個擊破。其戰術是：實施閃擊戰，連續作戰，攻滅一國，接著攻打另一國。從西元前 230 年至西元前 221 年，先後滅亡韓、魏、楚、燕、趙、齊六國，建立了專制的中央集權封建國家。

　　中國是個多民族國家，秦以前，在今浙、閩、贛、粵、桂一帶分布著許多部族，總稱「百越」。秦滅楚後，接著派兵南下將閩越王無諸和越東海王搖「廢為君長」，在這一地區設置了會稽郡和閩中郡。西元前 214 年，秦始皇又派屠睢率兵五十萬進入嶺南，在這地區設置南海、桂林和象郡。

　　匈奴是中國北方的一個古老民族，戰國時處於奴隸制初期，匈奴奴隸主貴族經常率兵南下搶掠，為此，秦、趙、燕三國都在北邊築長城防禦。西元前 215 年，秦始皇派蒙恬領兵三十萬北逐匈奴，收復了河套以南地區，第二年，蒙恬又渡過河去，攻下了陰山，在那裡設置了四十四個縣。為了防禦匈奴再南下，秦始皇命令把原來燕、趙、秦的長城連接起來，西起臨洮，沿黃河而東，到遼東止，長達五千多公里，號稱萬里長城，從而解除了秦北方的嚴重威脅，保障了這一地區經濟和文化的發展。

　　秦始皇在十年中滅了六國，結束了諸侯割據混戰不休的局面又用兩年逐匈奴，「平百越」，締造了中國歷史上空前統一、疆域遼闊的秦帝國。這是秦始皇的偉大歷史功績。

　　秦始皇統一中國後，洋洋得意，覺得稱王太平凡了，跟他的功業不相稱，必須起一個更莊嚴的稱號，於是在西元前221 年下令議帝號。丞相王綰、御史大夫馮劫、廷尉李斯一齊頌揚說：「從前五帝地方不過千里，諸侯來朝或不來朝，天

子不能制。今陛下興義兵，誅殘暴，平定天下，海內統一，這是開天闢地以來沒有的大功業，超過五帝。古有天皇、地皇、泰皇，而以泰皇最貴，請稱泰皇。命為制，令為詔，自稱朕。」秦始皇以為泰皇還不夠偉大，決定去泰留皇，采五帝的帝，合稱皇帝，自稱始皇帝，以後他的子孫繼承王位，按次序稱二世、三世，無窮盡地傳下去。從此，中國歷史上才有了皇帝這個稱號。稱嬴政為秦始皇，就是這樣來的。

此後，秦始皇決定廢分封，設郡縣，分全國為 36 郡（後增至 40 多郡）。郡下為縣，縣下為鄉，鄉下為亭，亭下為里。又定官制、統一度量衡、統一文字、築馳道，從而加強了境內的交流。

西元前 213 年，丞相李斯建議除秦國的書，博士官所藏的圖書和醫藥、卜筮、農書以外，所有詩、書、百家語，限三十天內上交官府燒燬，過期不交者罰四年勞役，有敢談論詩書者處死，敢以古非今者滅族，學習法令的以吏為師。秦始皇表示贊同。這就是焚書事件。

西元前 219 年秦始皇派徐（即徐福）帶領童男童女數千人入海求仙。西元前 215 年命韓終、侯公、石生求仙人不死藥。又派方士燕人盧生去求古仙人 —— 羨門、高誓，盧生當然求不到，便編造謊言欺騙秦始皇。秦始皇聽後大怒，便派御史查究，經儒生互相揭發，結果查出四百六十多人犯禁，

秦始皇下令把他們全活埋了。這就是坑儒事件。求仙、焚書、坑儒事件加速了秦朝的滅亡。

秦始皇統一中國後享樂思想滋長膨脹起來，大興土木，建造宮殿，後宮美人萬餘人。離宮別館更多，「關中計宮三百，關外四百餘」。秦始皇還不滿足，又在渭水南岸修一所規模更宏偉的朝宮，單是它的前殿阿房宮，「東西寬五百步，南北長五十丈」，樓上可坐萬人，樓下可建五丈旗，用磁石做門，以防人藏兵器入宮。百料、木頭從北山、四川、兩湖運來，豪華非凡。

秦始皇一方面想求到仙藥，長生不死一方面又在為自己大造墳墓，萬一死了，可以在那裡繼續享受。即位初就在驪山修陵墓，滅六國後徵發「罪人」七十萬到驪山服役。墓高五十餘丈，周圍5里餘，「塚內作宮觀及百官位次，奇器珍怪徙滿塚中」，以水銀造「百川江河大海」，「上具天文，下具地理，以人魚膏為燭」，令工匠制弓弩，如有人進入墓道，弓弩自動發射，可把人射死。陵墓修了三十七年，到他死時還沒有完工。近年來從秦始皇陵的從葬區挖掘出兵馬俑八千多個，個個形體高大，神態逼真，被稱為世界第八大奇蹟。

秦始皇為了「示強威、服海內」，鞏固其統治，從西元前221年起先後五次出巡，走遍了中國許多重要地方，並在

二、秦漢帝王

泰山、芝罘、碣門、會稽等地立石刻，歌頌其功德。

西元前 210 年，秦始皇第五次出巡返咸陽途中，於七月病死於沙丘平臺（今河北平鄉、廣宗一帶）。

司馬遷認為「秦取天下多暴，然世異變，成功大」。我們認為司馬遷的看法比較全面正確。滅六國、逐匈奴、平百越、築長城、修道路、興水利、移民守邊等，要花去大量人力物力，但這是必要的，是秦始皇對歷史的重大貢獻，當然也給人民帶來了沉重的負擔和痛苦。造宮殿、修陵墓、求不死藥，則純是為享樂，勞民傷財。

劉邦

劉邦生於戰國末年，是伴隨戰亂長大的。秦統一中國後，他的家鄉改設為沛縣，在他的出生地設立豐鄉。秦朝在沛縣縣城附近，設置一種叫「亭」的機構，用來維持地方治安、傳遞朝廷文書等，當時叫泗水亭。劉邦到了壯年，經地方上的推舉，在泗水亭做了一名亭吏，經過一段時間試職，後來被任命為亭長。

那時候，秦始皇正在驪山大興土木，為自己建造死後享用的陵墓，亭長的職責之一，就是押送刑徒和農民去驪山服役。有一次，劉邦在押送途中，許多刑徒和農民相繼逃跑，眼看到了咸陽無法交差，就把剩下的全都放了。其中有十幾

名壯士，情願跟著劉邦走。他們趁著昏暗的夜色，逃到芒縣和碭縣一帶，在深山草澤中躲藏起來。當時，沛縣許多農民不堪秦朝的暴政和繁重的賦役，也都紛紛跑來「入夥」，一時劉邦身邊竟聚集了近萬人之眾。西元前 209 年七月，陳勝在大澤鄉發動反秦的起義，全國各地紛紛響應，劉邦為之振奮。過了兩個月，劉邦在蕭何、曹參、樊噲的幫助下，殺了沛縣的縣令，也起兵響應，加入反秦起義的洪流。

劉邦率領的起義軍，很快發展成三千人的隊伍，在豐邑（今江蘇豐縣）和薛縣（今山東滕縣南）一帶，曾先後兩次擊敗泗水郡的秦軍。就在這時，劉邦的部將雍齒懷有貳心，竟以豐邑叛降周市，劉邦聞訊立即還軍，卻未能攻取豐邑。眼前的事實表明：孤軍奮戰，難有作為。而且當時全國起義的形勢，已經發生變化，陳勝的起義軍在滎陽失利，不久陳勝被殺，全國的起義高潮遭受挫折，劉邦認為孤軍奮戰，難有作為，於是決定聯合項梁起義軍共同作戰。

西元前 207 年 9 月，劉邦攻取武關，又揮師繞過關，越過蕢山，在藍田（今陝西藍田）大敗秦軍，形成兵臨咸陽的局面。西元前 206 年十月，劉邦率軍到達灞上，秦王子嬰投降，秦王朝在農民起義浪潮中瓦解了。

秦王朝滅亡之後，形勢發生急遽變化，以劉邦、項羽為代表的兩支政治勢力，為爭奪農民起義的勝利果實，開始長

達四年的戰爭。這就是楚漢戰爭。

劉邦進入咸陽後，蕭何首先接收秦丞相府的重要圖籍，有利於掌握全國策略要地、戶口及各地的經濟情況。接著，在張良和樊噲的勸說下，劉邦封閉秦的府庫財物，而且還軍灞上。同時，他還召集關中父老豪傑，宣布「約法三章」：「殺人者死，傷人及盜抵罪。余悉除去。」這些措施贏得了民心，為他後來擊敗項羽、重建封建王朝產生了深遠的影響。

與此相反，項羽進入關中，燒殺掠奪，大失民心。西元前 206 年十二月，項羽擊敗秦軍主力後，率四十萬大軍進入函谷關，駐軍於戲（今陝西渭南西南），以優勢的兵力與劉邦形成對峙的局面。當時劉邦處於劣勢，不得不親自到鴻門言和，雙方導演了一場驚心動魄的鴻門宴。項羽的謀臣范增主張擊殺劉邦，免得留下後患，但項羽沒有聽從。劉邦在張良、樊噲的幫助下，順利地逃回霸上。

於是，項羽率軍進入咸陽，殺子嬰，燒秦的宮室，大火三月不滅。接著，他又分封十八個諸侯王，自立為西楚霸王，建都於彭城。又封劉邦為漢王，管轄巴、蜀、漢中等地。項羽的所作所為，使關中人民大失所望。由於分封不公，又引起諸侯王的不滿。劉邦因項羽毀約，更是怒不可遏，在蕭何等人的勸說下，才勉強去漢中就國。

劉邦到達漢中，一面以巴、蜀為根據地，收取租賦，為

軍隊提供糧食;一面在漢中招賢納才,準備東進。後來成為滅楚的主將韓信,就是這時被劉邦破格拜為大將的。韓信沒有辜負劉邦的信任,為劉邦提出一整套滅楚的策略。西元前 206 年八月,劉邦依從韓信之計,果斷出故道,一舉攻取「三秦」,重新占領關中,拉開東進滅楚的序幕。之後,他利用項羽在城陽與田榮會戰之機,從臨晉(今陝西大荔東)渡黃河,擊敗魏王豹,奪取河內(今河南武涉西南)。又針對項羽放殺義帝,號召諸侯王討伐項羽。西元前 205 年四月,劉邦率諸侯兵五十六萬攻楚,占領楚郡彭城。正當他在彭城慶功的時候,項羽乘其不備,率精兵三萬人奪回彭城。漢軍死傷無數,劉邦只帶數十騎逃跑,他的父親及妻子成了楚軍的俘虜。

這年五月,劉邦收集餘部,退至滎陽固守。當時許多諸侯正相繼反漢投楚,楚漢在滎陽、成皋一帶相持達兩年之久。

為了打破這種相持的局面,劉邦大力經營關中,使之成為支援戰爭的穩固後方。

西元前 205 年八月,劉邦派韓信、曹參北上破魏,平定了魏地。兩個月之後,又派韓信、張耳擊趙,大破趙軍於井陘口(今河北井陘北)。至此,漢軍北翼的壓力解除了,又給項羽造成極大的威脅。

二、秦漢帝王

　　同年十一月，他又派人南下九江，去說服項羽的鼻將英布歸漢。英布果然起兵攻楚，既削弱了項羽的力量，又解除漢軍南翼的威脅，壯大了破楚的實力。

　　與此同時，又派劉賈、盧綰率兩萬兵馬，深入楚軍後方，幫助彭越焚燒楚軍的糧草軍需，從後方給予項羽造成威脅。

　　西元前 203 年十月，韓信破趙之後，又縱兵攻齊，占領臨淄，給予項羽極大的壓力。

　　西元前 202 年十二月，劉邦大會諸侯兵，與項羽決戰於垓下。項羽兵少食盡，被重重圍困，只得帶八百騎突圍。劉邦發現後，派灌嬰率五千騎追擊。項羽退至東城（今安徽定遠縣東南），便在烏江（今安徽和縣東北）自刎身死。

　　西元前 202 年二月，劉邦躊躇滿志，正式登上皇帝寶座，建立中國歷史上的西漢王朝。

　　西漢初立之時，經過秦末農民大起義和楚漢戰爭，天下疲敝，百姓睏乏，地方上還存在著很多割據勢力。面對這種局面，漢高祖採取了一系列的措施發展生產，維護統一。史家常說「漢承秦制」，確實，漢朝的很多制度，從中央的三公九卿到地方的郡縣制，以及二十等爵位制，都是因襲秦朝舊制的。就連漢朝的法律《九章律》，都是在秦律基礎上增訂而成的。漢代的禮儀制度，也是由秦博士叔孫通以秦儀為藍本制定出來的。

　　楚漢戰爭中，漢高祖為了籠絡人心，分封了一些諸侯王，後來又封了一些同姓子弟為王。所以西漢初年，地方上除了郡縣以外，還有一些勢力強大的藩國。這些諸侯王相繼發動叛亂，剛剛結束了楚漢戰爭的漢高祖不得不再披戰袍，跨馬征戰。

　　西元前202年七月，漢高祖稱帝還不到半年，燕王臧荼就起兵叛亂。高祖剛平定了燕王的叛亂，就有人告發楚王韓信謀反。高祖聽從陳平的計策，以巡遊雲夢為名，會諸侯於陳縣，捉住了韓信。後來因為韓信功勳卓著，又沒有謀反的確證，因此又予以釋放，只貶為淮陰侯。西元前201年，韓王信投降匈奴，反叛漢朝，高祖率三十二萬大軍開到晉陽，意欲征討。他先派幾批使者去匈奴部落探聽虛實，使者回來都說可以進攻，只有劉敬說：他在匈奴只見到老弱殘兵，這是匈奴的詭計，故意示弱，實際上暗藏奇兵。因為只有劉敬一個人這樣說，高祖並不相信，還以妄言亂軍的罪名把劉敬抓了起來。高祖率軍北進，結果被北匈奴冒頓單于的四十萬騎兵團圍困在平城白登山。最後，用陳平之計，賄賂了單于的閼氏，才得以脫險。高祖回去，斬殺了所有說匈奴可攻的使者，同時釋放劉敬，封他為建信侯。此後，匈奴不斷南侵，高祖無力應付，只得採納劉敬和親的建議，將漢朝宗室的女兒嫁給單于，借此來求取和睦。

二、秦漢帝王

　　西元前 196 年，叛亂逆流達到頂點。先是正月韓信利用高祖出征的機會，想在長安發動叛亂。由於有人告密，呂后和相國蕭何將韓信誘入宮中處死，並滅其親族。三月，梁王彭越手下告他謀反，高祖將彭越廢為平民，流放蜀地。彭越流放途中遇見呂后，就求她向高祖說情。呂后假意答應，將彭越帶到長安，對高祖說讓彭越這樣的人去蜀地是自留禍患，應該斬草除根，高祖於是改判彭越死刑並滅其全族。七月，淮南王英布反，這是高祖在位期間規模最大的一次叛亂，已經六十一歲的高祖再次率軍親征，平定了叛亂。高祖凱旋途中，路過故鄉沛縣，就召集父老鄉親一起飲酒。酒酣之時，高祖回想起自己起兵以來創業維艱的情形，感慨萬分，就擊築唱了一首《大風歌》，歌曰：「大風起兮雲飛揚，威加海內兮歸故鄉，安得猛士兮守四方！」在這個風雲激盪的時代裡，高祖雖然已經建立了一個龐大的帝國，但是守業的艱難甚至超過了創業。當年一同血染沙場、開創天下的兄弟，今天竟然都成了刀兵相向的死敵，也難怪高祖會有這樣的感慨。

　　高祖因為在討伐英布時受了箭傷，終於不治，於西元前195 年四月，病逝於長樂宮。高祖死後，葬在長陵，高祖是他的廟號。

漢武帝

漢武帝，名劉徹，生於漢景帝西元前元元年（西元前156），卒於後元二年（西元前87），景帝中子。前元四年（西元前153）被立為膠東王，前元七年（西元前150年）被立為皇太子，景帝后元三年（西元前141），景帝去世，劉徹即位，以第二年為建元元年，創歷代帝王有年號之始。漢武帝在位期間，實行了一系列行之有效的治國策略，國家欣欣向榮，一片繁榮景象。他不愧為中國古代一位雄才大略的皇帝。

由於中央集權大大加強，國家經濟實力雄厚，漢武帝改變了漢初以來對匈奴的和親政策，採取積極進攻的策略。元光二年（西元前133），漢武帝採納王恢的建議，企圖誘敵深入，乘機殲滅，不料計策為匈奴軍臣單于識破。此後十餘年間，漢朝與匈奴之間，戰爭不斷，其中帶有決定性的大戰有三次：一次是元朔二年（西元前127），漢武帝派衛青等人率兵迂迴到隴西，對河套及其以南的匈奴軍進行大包圍並一舉擊潰，收復黃河以南地區，解除了匈奴對長安的威脅。第二次是元狩二年（西元前121），漢武帝派霍去病出隴西，越過焉支山（甘肅山丹東南胭脂山）西進，深入匈奴境內千餘里，俘虜渾邪王的兒子及相國、都尉等，繳獲休屠王祭天金人，平定黃河以西地區。第三次戰役發生在元狩四年（西元

前 119），漢武帝派大將軍衛青和驃騎將軍霍去病分東西兩路進兵，大敗匈奴。從此之後，匈奴再也無力大舉南下，漢朝北部邊境得以安寧。

在進攻匈奴的同時，為了聯合大月氏共同夾擊匈奴，漢武帝還派張騫兩次出使西域。儘管張騫此行目的沒有達到，但是卻開闢了舉世聞名的「絲綢之路」，密切了漢朝同西域各國的關係，從而促進了東西方經濟文化的廣泛交流。

漢武帝末年，由於長時期的戰爭和奢侈浪費，導致民怨沸騰，各地農民起義不斷。漢武帝在《輪台罪己詔》裡表示今後不再發動戰爭，「當今務在禁苛暴，止擅賦，力本農」，與民更始，發展生產。搜粟都尉趙過提出代田法，將一畝地分成三畎和三壠，年年互換位置，以休養地力，下種時把穀物種在裡，幼苗長出後，把壠上的土推到裡，這樣作物入土深，抗風耐旱。實行代田法，每畝產量可增加一斛（一斛約合 30 公斤）到三斛。趙過還發明了耬車等先進的生產工具，大大提高了勞動效率。漢武帝還採納白公的建議，於太始二年（西元前 95 年）從仲山口（陝西涇陽西北）引涇河至櫟陽（陝西臨潼櫟陽鎮），灌溉農田 4,500 頃，水中泥土又可肥田，這一水利工程對於關中農業生產的發展發揮很大的保障作用。可見，漢武帝在晚年比較重視發展農業生產，較之從前好大喜功，似有所悔改。

後元元年（西元前 88 年），侍中僕射馬何羅和其弟馬通等人密謀刺殺漢武帝，被金日等人發現後殺之。後元二年，漢武帝立時年 8 歲的小兒子劉弗陵為皇太子。為防止太后專權，他又殺死太子母親趙婕妤。他還讓畫工畫了一幅《周公背成王朝諸侯圖》送給侍中奉車都尉霍光，希望他能像周公輔佐成王那樣，輔佐劉弗陵當皇帝。後事安排妥當之後，沒幾天漢武帝就死去了。

漢光武帝劉秀

漢光武帝（西元前 6 ～ 57 年），即劉秀，字文叔，南陽蔡陽（今湖北棗陽西南）人。漢高祖九世孫。王莽末年農民大起義爆發，他乘機發兵，加入綠林起義軍。更始元年（23年），到河北活動，以恢復漢家制度為號召，取得部分官僚、地主的支持，鎮壓和收編銅馬等義軍，力量逐漸壯大。建武元年（25）稱帝。後鎮壓赤眉起義軍，削平各地割據勢力，統一全國。在位期間採取一系列措施，進一步中加強了中央集權的政治體制。在王莽時期的戰亂之中，劉秀脫穎而出，再次統一天下，建立東漢，繼兩漢後成為又一個文明昌盛的國家，被稱為「盛治之君」。

據說劉秀出生的那年，他家鄉的田裡恰巧長出了一棵一莖九穗的嘉禾，這在當時被認為是一種祥瑞，於是劉秀的父

親就給他取名為劉秀。劉秀和他的哥哥劉縯是南陽一帶著名的豪強地主。劉好俠任性，最喜破散家財，結交一些雄俊人物，頗有恢復劉氏天下的雄心壯志。而劉秀年輕時卻性情溫和，行事謹慎，喜歡務農。劉縯經常嘲笑劉秀喜歡種莊稼，就把自己比作西漢的開國皇帝劉邦，把劉秀比作劉邦專門治理家業的二哥劉喜。可是，最後做了皇帝的卻不是劉縯，而是劉秀。

西元 22 年，起義的綠林軍逼進南陽，劉縯認為時機已經到了，就召集親族門客，起兵反抗王莽，要恢復漢高祖開創的劉氏天下。正在宛城販賣糧食的劉秀也聚集了一些地主武裝，返回春陵，和劉縯會合，開始了反抗王莽、復興漢室的大業。

為了對抗強大的王莽軍隊，劉氏兄弟先後說服了新市、平林兩支綠林軍和下江軍，結成了反莽聯軍。這年冬天，劉氏兄弟進攻軍事重鎮宛城時，被王莽軍隊擊潰，劉氏家族幾十人被王莽軍殺死。後來，劉氏兄弟得到了王常、成丹的全力幫助，接連大敗王莽軍隊，斬殺數萬人，並乘勝北上，包圍了宛城。這支起義軍的聲威大震，隊伍迅速擴大到十幾萬人。

可是這時起義軍內部在統一領導、建立政權上發生了矛盾。一部分人想立劉縯為皇帝，而另一部分人不願受劉縯轄制，推舉另一個漢朝宗室劉玄為皇帝。最終，還是劉玄當上

了皇帝，定年號為更始。劉縯被任命為大司徒，劉秀被任命為太常偏將軍。

更始政權建立之後，起義軍有了統一的指揮，在各地不斷取得勝利，這對王莽政權是個極其沉重的打擊，王莽決心全力鎮壓，一舉消滅義軍。他徵集了四十多萬軍隊，準備反攻義軍，他還任用了一個名叫巨無霸、身高一丈的巨人擔任守衛營壘的軍官。更可笑的是，王莽竟然把上林苑中的虎、豹、大象、犀牛等野獸趕去參戰。這支人獸混雜的大軍在王邑、王尋的帶領下，氣勢洶洶，直奔昆陽。

昆陽大捷是一次具有決定意義的戰役，也是中國歷史上著名的戰役之一。宋朝大文豪蘇軾曾經在〈昆陽城賦〉中稱道這次戰役說：「屠百萬於斯須，曠千古而一快。」年僅二十九歲的劉秀在這次關鍵的戰役中，表現出卓越的軍事才能和超人的膽識，聲名大振。

西元 23 年，漢軍攻陷長安和洛陽，王莽被殺，新莽政權終於被義軍推翻了。

西元 23 年，劉秀奉劉玄之命，出使河北。劉玄本想借此削弱劉秀的勢力和影響，卻沒想到反而給劉秀提供了活動的機會。

劉秀渡過黃河之後，就著手收買人心，打開局面。他廢除了王莽的苛政，釋放囚徒，整頓吏治，安撫百姓。劉秀的

二、秦漢帝王

這一系列措施得到廣大百姓的擁護，在鄧禹的幫助下，劉秀開始以河北為根據地，為建立帝業做準備。

到西元 25 年，劉秀已經統一了黃河以北的地區。在他凱旋班師途中，將士們上表勸他登基當皇帝，劉秀假意推辭。後來耿純對他說：「大家拋家捨業、背井離鄉，追隨大王出生入死，為的就是攀龍附鳳，能夠加官晉爵。如果大王遲遲不肯登基，只怕大家會失望，覺得沒有盼頭而另謀出路。一旦人心散了，想再聚合可就難了。希望大王三思。」劉秀答應考慮。後來，劉秀的舊日同窗強華從關中來，自稱得到了一張天符，符上說劉秀應當成為天子。於是，劉秀這才表示順應天命。

西元 25 年六月二十二日，舉行了登基大典，改元為建武元年，劉秀就是漢光武帝。稱帝之後，劉秀派兵迅速擊潰更始帝劉玄的十萬軍隊，占領了洛陽，作為都城。為了和劉邦建立的兩漢區別，歷史上就把劉秀重建的漢王朝稱為東漢。

劉秀攻占洛陽後，繼續進攻關中的赤眉軍。當時劉玄已經投降了赤眉軍。赤眉軍軍事上雖然取得了一些優勢，但在政治、經濟方面卻一籌莫展。西元 26 年，長安附近發生饑荒，十幾萬赤眉軍將士在飢寒交迫、走投無路的情況下，不得不歸附了劉秀，王莽末年轟轟烈烈的農民起義，到此結束。劉秀消滅赤眉軍之後，赤眉軍以及原來更始政權的地盤

就都被劉秀占領。隨後，劉秀又用了十年時間，消滅了各地的割據勢力，西元 36 年，劉秀終於完成了統一天下的大業。

劉秀從即位到死去，共當了三十三年皇帝。在他統治的年代裡，用戰爭手段統一了天下，卻用懷柔之道來治理天下。據說有一次，劉秀回到南陽故鄉，大擺酒席，宴請親族。酒席之間，劉秀同族的一些嬸子大娘開始紛紛議論。她們叫著劉秀的小名說他從小謹慎誠實、對人厚道、心胸寬廣，但就是太柔順了，缺少男子的剛毅果決。劉秀聽了之後，哈哈大笑，說道：「我治理天下也要用柔道來治理。」劉秀確實實現了自己的計畫，他在大亂之後天下疲敝、民不聊生的情況下，恩威並施治理國家，緩和了階級矛盾，取得了輝煌的成就。

在經濟上，劉秀首先解決了奴婢問題。早在統一完成之前，劉秀就多次下令，規定凡是因為家貧被賣或是戰亂時被掠為奴婢的，都可以離開主人，各自回家，恢復平民的身分禁止傷害奴婢，保護奴婢的生命安全。這些法令使大批的奴婢恢復了平民的身分，增加了社會勞動力，對社會的安定和生產的恢復發展有著巨大的推進作用。

為了抑制豪強地主對土地的兼併，劉秀下令清查全國的土地和戶口。為了使這項工作能順利進行，劉秀一方面嚴懲貪贓枉法的官吏，一方面追捕那些抗拒徵服法令的豪強地

主，將他們遷往他鄉。但是，清查土地和人口，抑制豪強兼併的工作並未產生多大作用，於是，劉秀就用移民墾邊和准許內地墾荒的方法來解決農民對土地的需求，緩和社會矛盾。劉秀還將賦稅從十稅一恢復到西漢初年的三十稅一的舊制，減少了農民的負擔。

在政治上，劉秀也採取了一系列措施加強中央集權，維護自己的統治。他首先擴大尚書的權力，使尚書臺成為中央政府的重要機構，而三公卻處於一種官位雖高但沒有實權的地位，只不過是在充數而已。這樣三公有職無權，尚書有權無職，大權全部集中到皇帝一個人身上。在地方政府機構方面，劉秀裁併了四百多個縣，精簡了大批冗官，節省了國家的財政開支，也減輕了人民的負擔。還讓地方上的兵士一律退伍回鄉，從事生產。這既削弱了地方的勢力，又增加了大量的勞動力，促進了生產的發展。

劉秀還很注意整頓吏治，對地方官嚴加督察，賞罰分明。所以東漢前期，出現了一些奉公守法、為民造福的好官。漁陽太守張堪，開闢良田八千多頃，勸人民耕種，使他們很快過上了殷實富裕的生活。百姓們非常愛戴他，就做了歌謠歌頌他說：「張君為政，樂不可支。」南陽太守杜詩，改革冶鐵技術，發明了水利鼓風機，南陽百姓感念他的恩德，稱他為南陽杜母，讚揚他能夠像母親疼愛孩子一般愛惜百

姓。強項令董宣在京師洛陽打擊橫行霸道的豪強權貴，洛陽豪強無不心驚，都收斂起來，不敢再肆意作惡，洛陽百姓稱之為「臥虎」，歌頌他說：「鼓不鳴董少平」，說他做洛陽令以來，洛陽治安形勢大好，連擊鼓鳴冤的人都沒有了。這些清明廉潔、為政以德的官吏的出現，與劉秀的重視吏治、選賢任能是分不開的。如董宣能夠在遍地豪強的京師洛陽獲得這樣的成就，就與劉秀的支持有很大關係，強項令的故事就是一個很好的例子。

對那些恪守職責、敢於百言進諫的臣下，劉秀必定給予獎勵。有一次，劉秀出城打獵，直到深夜才回到洛陽城東北門。這時，城門早已關閉了，守城的郅惲拒絕開門。劉秀讓人點起火把，告訴他是皇帝回來了，可是郅惲說：「火光閃閃爍爍的，看不清楚。」還是不肯開門。劉秀無可奈何，只好又繞到東門進了城。第二天，郅惲上書劉秀，批評他耽於遊獵會產生不良習氣、危害國家。劉秀很慚愧，就賞賜郅惲，並把掌管東門的官吏貶為登封縣尉。

對於追隨他馳騁沙場、南征北戰的開國功勳，劉秀也沒有像他的遠祖劉邦那樣，兔死狗烹、鳥盡弓藏。他保全功臣，在歷史上的封建帝王之中是比較著名的。劉秀讓那些只善征戰、不善治國的功臣不參與國事，只坐享榮華富貴，以終天年；而讓那些有傑出政治才幹的功臣，參議朝政，幫助

他治理天下，所以劉秀和開國功臣們的關係一直很和睦。有一次，他設宴宴請功臣們，酒席之間，劉秀問他們：「假如沒有王莽時的天下大亂，你們現在會是什麼樣子？」鄧禹說：「我在太學讀過書，大概可以做個郡里的文學博士。」劉秀卻說：「你也太謙虛了，你是世家子弟，又品德高尚，做個掾功曹又有何難？」綠林出身的馬武粗魯莽直，不假思索地說：「我勇武有力，可以做個守尉，專門捉拿強盜。」劉秀聽了，不禁笑道：「你只要不做賊、不被人抓著，能做個鄉村的亭長，就已經很不錯了。」可見，劉秀君臣之間的和洽無猜。

劉秀還很注重招攬人才，訪尋隱逸，他和嚴光的故事就是一段歷代相傳的佳話。嚴光是劉秀太學時的老同學，劉秀當了皇帝後，他就跑到齊地隱居起來。劉秀知道他很有才幹，就畫影圖形，滿天下張貼，想把他找出來。找到他後，劉秀連請了三次，才把他請來。劉秀非常高興，當天就跑去看他，可是嚴光很是傲慢，竟然躺在床上不起來。劉秀也不生氣，坐在床邊勸他出仕，可是嚴光執意不肯。劉秀無奈，去看他時，就只相他談舊日往事，不提做官的事。談了幾次，劉秀問嚴光：「你覺得我比以前怎樣？」嚴光只回答說：「陛下比以前有一些長進了。」劉秀聽了並不以為忤。嚴光在劉秀面前很隨便，有時劉秀和他同床共臥，說話聊天，他竟然把腳伸到劉秀的肚皮上，劉秀也絲毫不生氣。後來，劉秀

見嚴光心意已決，就索性成全了他，嚴光就離開洛陽，跑到富春隱居去了，但他們的這段故事卻一直流傳下來，為後人津津樂道。

劉秀和他的遠祖劉邦還有一點不同，那就是，劉邦是個不讀書的無賴，而劉秀卻是在太學裡讀過書，接受過正統的儒家思想教育，所以他非常注意文化事業的發展。劉秀統一全國之後，立即下令搜求整理古代典籍。劉秀即位不久，皇家宮室還沒來得及修飾，就在京師建立太學，在地方修建書館，培養人才。劉秀自己也經常和公卿大臣討論儒家經典，直到深夜。太子很擔心他的身體，劉秀卻說：「我喜歡這些，一點都不覺得疲勞。」在劉秀的重視和提倡下，東漢初年出現了「四海之內，學校如林」的喜人局面，被王莽時期的戰亂破壞了的文化很快又恢復發展起來了。

二、秦漢帝王

三、魏晉南北朝帝王

三、魏晉南北朝帝王

曹操

　　曹操（西元 155 ～ 220 年），字孟德，小名阿瞞，沛國譙縣（今安徽亳州市）人。曹操的父親曹嵩是大宦官曹騰的養子，曹嵩靠養父的地位，入仕當官，在靈帝時，升至太尉。所以曹操出身於靠宦官起家的官僚家庭。曹操二十歲時初入仕途，任洛陽北部尉，負責京城治安。曹操到任後，就有不凡之舉。他叫人造了十餘根五色棒，懸於衙門左右，有犯令者，皆用五色棒打死。有一次，大宦官蹇碩的叔父無視禁令，仗勢夜行，曹操即將其棒殺。此事在京城引起轟動，連大官顯貴也因此有所收斂，不敢冒犯。不過這時的曹操，畢竟位低權小，最後被人家以「推薦」的名義，從京師擠走。不久，曹操又入徵為議郎，當了參議一類的冗官。在此期間，曹操上書，為靈帝初年被殺害的朝臣竇武、陳蕃申辯，矛頭直指專橫的宦官，抨擊了腐敗的朝政。後來，他又上書揭露朝廷三公之官受賄亂政之事。可是皇帝對此或無動於衷，或雖有過問，也未做處置，朝政卻日益敗壞。這使曹操大為失望，也感到自己力不從心，從此就不再搞上書獻言之類冒險而又無效之舉了。

　　曹操的真正發跡是從鎮壓黃巾起義開始的。黃巾大起義爆發後，東漢朝廷急忙調集大軍鎮壓。曹操為了維護統治階級的根本利益，積極參與，被命為騎都尉，在潁川大打出

手。以鎮壓起義有功，升遷濟南相（相當於郡太守）。後來靈帝置西園八校尉，曹操當了八校尉之一的典軍校尉，成為皇帝核心武裝的將校之一。

為時不久，靈帝死，少帝即位，何太后臨朝，東漢長期存在的宦官外戚之爭這時又尖對立起來，政局更加混亂。這時割據涼州的軍閥董卓趁亂帶兵入京，以武力廢少帝，立獻帝，自封相國，把持朝政，並縱兵洗劫洛陽。

曹操親歷變亂，目睹董卓之害，十分不滿，他拒絕了董卓的封官誘惑，改換姓名，逃出洛陽，東走陳留（今河南開封東南），散家財，招兵將，積極參加了當時關東各地軍閥聯合反董的戰爭。

獻帝初平元年（190），曹操獨自引兵在滎陽（今河南滎陽）與董軍作戰，因力量單薄，兵敗負傷。不久，董卓自行撤離洛陽，挾漢獻帝退入長安。討董聯軍也隨之散夥，各奔東西，搶占地盤去了。

獻帝初平二年，曹操因鎮壓河北農民軍，被袁紹舉為東郡（今河南濮陽西南）太守，取得了一個地盤。接著第二年青州黃巾軍攻入兗州（今山東金鄉東北），刺史劉岱戰敗被殺，兗州官員忙迎曹操領兗州牧。曹操用殘酷手段，逼降黃巾軍三十餘萬，男女百餘萬口，曹操從中挑選精壯者組成「青州兵」。曹操既據有兗州，又有一支可觀的武裝，遂大施

智謀，與群雄角逐。

曹操很講究策略。起初，他拉攏北方最大軍閥袁紹，避免與之過早交鋒，騰出手先擊其他較弱的勢力。這個策略是成功的。建安元年（西元 196 年），漢獻帝東逃洛陽，曹操立即接受謀士荀彧的建議，在其他軍閥還在權衡利害遲疑觀望的時候，迅速搶先把獻帝迎到許昌（今河南許昌市東），並定都於此。曹操受封大將軍，掌握朝政，「挾天子以令諸侯」。不久因怕迎奉漢獻帝會激怒袁紹，曹操又把大將軍之位讓給袁紹，自降為司空，對袁紹仍持低姿態。

政治上的得勢，使曹操更加雄心勃勃，立志剿滅群雄，平定天下。建安二年，曹操進攻繼袁術之後盤踞南陽的張繡，次年收降之。在這同時，袁術在壽春（今安徽壽縣）稱帝，曹操先與占據徐州的呂布暫時和解，挑動呂布與袁術互攻，削弱雙方力量。呂布上當，終於在建安三年被曹操消滅。曹操接著回過頭來收拾袁紹。

建安五年（200）曹、袁雙方對峙於官渡。關鍵時刻，袁紹謀士夜投曹營告訴曹操，袁紹輜重軍糧屯在官渡東北面的烏巢，如能派兵偷襲，袁軍必敗。曹操選精兵五千，扮裝袁軍，急奔烏巢同時加強官渡防守。袁紹得知曹操偷襲烏巢，只派少許人馬增援，自己卻在官渡擺開陣勢，正面急攻曹軍大營。曹軍早已作了防備，袁軍久攻不下，延誤了軍機，結

果烏巢被襲，糧草被燒。消息傳來，官渡的袁軍軍心動搖，大將張郃、高覽臨陣降曹。曹軍趁勢全面反擊，追殲袁軍主力八萬餘人，袁紹狼狽北逃。

官渡之戰是中國歷史上以弱勝強的著名戰例，曹操以自己傑出的軍事指揮才能，打敗了勁敵，為統一北方掃清了障礙。

袁紹敗回河北，不久病亡。此後不出數年，曹操即肅清袁氏殘餘勢力，統一了北方。後來又大敗東北烏丸（少數民族）統治者，平定關中，進入隴右，完全統一了北方。

曹操不僅是位軍事家，而且也是一位很有才幹的政治家。他在軍事上的勝利，與他在政治、經濟等方面的措置得當是分不開的。曹操在治國方面的措施很多，主要有以下幾點：

- 大興屯田。
- 唯才是舉。
- 抑制豪強。

曹操也善於玩弄權術，如他在執法方面，一般也注意賞功罰罪，不過也有限度。一次行軍，他的坐騎踩壞麥子，按法當斬，他煞有介事地叫來軍吏議罪，軍吏當然不敢議他死罪，說尊者不宜加刑，曹操卻又裝出高姿態，自認有罪，抽刀割髮，以示依法懲處了。

三、魏晉南北朝帝王

　　平定北方，是曹操事業發展的巔峰，但這並不是他的最終目標。他的雄心是乘勝進軍南方，統一全中國。建安十三年，曹操率數十萬大軍南下，先指荊州（今湖北湖南一帶），時值荊州牧劉表病死，即位的次子劉琮出降曹操。當時替劉表鎮守北面的劉備也被曹軍擊潰。

　　曹操輕易取得荊州，產生了輕敵情緒。他寫信給孫權，揚言將率八十萬大軍與他決戰江東。這時的曹操根本沒把劉備放在眼裡，也大大低估了孫權的實力。其實當時劉備尚有兩萬多人馬，有諸葛亮、關羽、張飛、趙雲等一批謀臣戰將輔佐，還是有一定實力的。孫權是江東大族，從他父親孫堅、兄孫策時，就據有江東，精心經營，基礎穩固。孫權本人雄才大略，承父兄之業，繼續積聚力量。他很注重蒐羅人才，發展經濟，實力相當雄厚。曹操既打擊劉備，又恫嚇孫權，兵逼江東，結果孫、劉雙方在面臨共同敵人的威脅下，經諸葛亮等人的奔走串聯，結成反曹聯盟。孫權派周瑜、程普率軍三萬西上，與劉備軍隊會合，在赤壁（今湖北嘉魚縣東北）與曹軍相遇對峙。雙方初次交鋒，曹軍不利，退北岸，孫、劉守南岸。從兵力數量上講，曹操實際兵力有二三十萬，居絕對優勢。但曹軍長途跋涉，十分疲勞，又不服水土，生病的很多，戰鬥力和士氣都受到嚴重影響。還有，如諸葛亮所料，曹軍不習南方水性，怕風浪顛簸。為了克服這點，曹操命令把戰船用鐵索拴連成一片，以減少船身

搖動，曹操自感滿意，而此舉卻為他招來大禍。

原來吳將黃蓋已從曹操的鐵索連船找到了大敗曹軍的關鍵，即用火攻。周瑜根據黃蓋的意見，派兵駕船數十艘，帶著澆油乾柴，蒙上帷幕，佯裝投降，乘東南風起，向北疾駛，逼近曹軍水寨時，突然點火，風助火勢，轉眼間，曹軍水寨軍營一片火海。這時周瑜等趁勢率軍猛攻。曹軍猝不及防，燒死的、落水的、被殺的、負傷的，不計其數，主力損失殆盡。曹操匆忙北逃。這就是歷史上著名的赤壁之戰。

赤壁之戰後，劉備據有荊州大部，又向益州（今四川及雲、貴一部）發展，孫權進一步鞏固了在江東的統治，曹操則無力南下，形成了三國鼎立的局面。雖然曹操雄心仍在，繼續整頓內部，求賢任能，進軍西北，但由於南方局勢的變化，劉備的崛起和孫劉的結盟，曹操統一中國的希望成了泡影。他晚年官至丞相，進為魏公，直至魏王，位極尊榮，與當皇帝相差無幾。一些文武將吏勸他登位，孫權也寫信假意勸進。曹操卻說，假使天命真的在我，我也只做周文王罷了，表示不稱帝。他位止魏王，終為人臣，不沾皇位，這在三國中，只有他能做到這一點。他拒絕稱帝，可能是抱憾於自己事業未竟，壯志未酬。

建安二十五年，曹操病死，終年六十六歲。就在這年，他兒子曹丕廢漢獻帝，自登皇位，國號魏，追尊曹操為武皇帝，史稱魏武帝。

劉備

　　劉備跟東西兩漢的皇室，都頗有些淵源，他是漢景帝的兒子中山靖王劉勝的後代。後來因為漢武帝「推恩令」的實施和劉氏皇族枝葉的不斷繁茂，到劉備的時候，已經是家境貧寒，平日只得以贖鞋織席維持生計。不過劉備從小就懷有大志，他曾在家鄉的大桑樹底下玩樂時說：「我將來一定要乘上有真正篷蓋的天子之車。」如果不是東漢末年爆發的黃巾大起義，也許劉備只能編一輩子的草鞋，幸虧這個起義給了劉備一個機遇。當時，東漢朝廷派大軍鎮壓起義軍，各地的軍閥豪強也紛紛拉起人馬，以鎮壓義軍為名，搶占地盤，擴充實力。劉備也趁機組織一支鄉勇，加入鎮壓起義軍的行列，正是這次起兵，使得劉備有幸與關羽、張飛二人結識，並成為兄弟，留下了一段「桃園三結義」的佳話。

　　後來，劉備因鎮壓起義軍「有功」，被朝廷任命為安喜縣尉。但隨後，劉備就因鞭笞前來巡視各縣，督察官吏並收受賄賂的督郵，掛印而去。他走投無路，便去投奔早年的同窗好友，幽州軍閥公孫瓚，被任命為平原縣令。在此，劉備積極發展自己的勢力，贏取世人民心，使得附近民眾及各方人士紛紛來投奔依附。

　　這時，群雄逐鹿中原，各地軍閥混戰不已。曹操進攻徐州牧陶謙，陶謙派人向公孫瓚告急，劉備就命前往徐州（今

蘇北魯東南一帶）援救，後來，陶謙見劉備兵力不多，就給了他四千人馬，封他為豫州刺史，讓他屯駐小沛。陶謙病死後，劉備趁機接管徐州，開始躋身於大軍閥之列。但隨後就遭到壽春的袁術進攻，並勾結呂布，襲擊劉備的後方下邳。劉備腹背受敵，只得投奔曹操。曹操舉薦劉備為豫州牧，隨後與劉備共同出兵對付呂布，將呂布擒住。呂布向曹操告饒說：「曹公所怕的不過是呂布，現在我已歸順，天下不必憂慮。您統帥步軍，我幫您統率騎兵。何愁天下不平定？」說得曹操也有些心動。劉備說：「曹公難道忘了丁原和董卓的嗎？」曹操點頭稱是，於是將呂布殺掉。這時，劉備又被曹操上表推舉為左將軍。

　　這時的劉備，雖依附於曹操之下，但從來沒有放棄過自己的夢想。曹操似乎對劉備很好，出入都要劉備相陪。劉備見曹操這樣尊重他，心裡反倒不安，因為他有自己的雄心大志，生怕遭到曹操的猜疑。有時，劉備還在院子裡刨地種菜、澆水捉蟲，樂此不倦，一副悠然自得、胸無大志的樣子。

　　曹操表面上看重劉備，暗地裡也在防備他。

　　這時候，朝廷裡出了一件事。因為曹操權傾朝野，漢獻帝嫌他太專橫，要外戚董承設法除掉曹操。於是他寫了一道密詔縫在衣帶裡，又把這條衣帶送給董承。

三、魏晉南北朝帝王

　　董承接到衣帶中的密詔，就約了他的幾個親信，商量怎樣除掉曹操。他們覺得自己力量不夠，認為劉備是皇室的後代，一定會幫助他們，就祕密找劉備商量，叫劉備去一起幹。劉備同意了。

　　沒多久，曹操邀請劉備去喝酒。兩個人一面喝酒，一面有說有笑，談得很融洽。他們談著談著，很自然地談到天下大事上來了。曹操拿起酒杯，說：「您看現在那麼多人在爭奪天下，有幾個算得上英雄呢？」劉備說：「袁紹久在冀州經營，號稱擁兵百萬，有良將數十人，又曾誅殺宦官，平定宦官之禍，可稱得上英雄。」曹操笑言：「袁紹剛愎自用，有雄心而無進取之心，稱不上英雄。」劉備又說：「公孫瓚固守遼東劉表坐擁荊州，雄踞一方，應該算得上英雄。」曹操又說：「此二人雖有根據地，但胸無大志，更不能稱做英雄。」劉備又說：「孫策、孫權偏安東吳之地，又有傳國玉璽，能稱得上英雄了吧？」曹操搖搖頭說：「偏安東吳，不在中原地區，只能稱得上一方豪傑，算不上英雄。」

　　劉備謙虛地說：「那麼我說不上來了。」

　　曹操面露笑容，從容地對劉備說：「依我看，當代的天下英雄，只有將軍和我曹操兩個人。像袁紹這號人，算不上什麼。」

　　劉備為了跟董承同謀的事，心裡正在七上八下，聽到曹

操這句話，大吃一驚，身子打了一個寒顫，連手裡的筷子也掉了下來。

就在這節骨眼上，天邊閃過一道電光，接著就豁刺刺響起一聲響雷。劉備一面低下身子拾筷子，一面說：「這個響雷可厲害，把人嚇成這個樣子。」

就這樣，他總算把驚慌的神情掩飾過去，沒讓曹操看出破綻。

喝完酒出來，劉備再三捉摸曹操的話，覺得曹操把他看做唯一的敵手，將來不會輕易放過他。打這以後，他一面和董承他們聯絡，共同設法除掉曹操一面找機會離開許都。

正巧，袁術因被曹軍打敗，想經徐州北上投其兄袁紹。曹操不願他倆聯合，準備派兵截擊。劉備趁機請求前往。曹操未加考慮，隨口答應，劉備立即將兵脫離曹操而去。郭嘉等人聽說此事，連忙來見曹操，大聲說道：「主公不可放劉備出去！劉備出去後必然叛變作亂！」曹操一聽，不覺後悔起來，馬上派人追趕劉備，但劉備已走得無影無蹤了。

到了第二年春天，有人向曹操告發了董承和劉備在許都合謀反對曹操的事。曹操把董承和他的三個心腹都殺了，並且決心親自發兵征討劉備。那時候，袁紹已經兼併了幽州（在今河北北部，遼寧大部分）擁有幾十萬人馬，揚言要進攻許都。曹操就決定把一部分精兵守住官渡（在今河南中

牟東北），防備袁紹進攻。他親自帶領大軍進攻徐州。劉備
派人向袁紹求救，袁紹手下的謀士田豐勸袁紹乘許都兵力空
虛的時候偷襲曹操，袁紹沒有同意。曹操大軍進攻徐州，劉
備兵少，抵擋不住曹操的進攻。只好放棄徐州往冀州投奔
袁紹。鎮守下邳的關羽，抵擋不住曹軍的猛烈進攻，只得
投降。

袁紹聽說劉備被曹操打敗來投奔自己，十分高興，以為
又添了一個對抗曹操的幫手，馬上派軍前去迎接。一個多月
後，劉備散失的部眾漸來會集，力量漸漸恢復。

袁紹與曹操在官渡大戰後，結果全軍潰敗，劉備知道
後，遂南下投奔荊州太守劉表。劉表讓劉備屯駐新野（今河
南新野）防備曹軍南下。

長期以來，劉備本人，雖然寬大待人，很得民心，卻不
能在軍事、政治方面作出很好的決策，當然就不容易占領基
地，占領了也不能夠守住。主要原因是劉備實力不足，無法
與勢力雄厚的大軍閥曹操等人抗衡；再者，劉備知自己雖有
關羽、張飛等幾員猛將，但缺乏才能出眾的軍師謀主。因
此，劉備渴慕賢才奇士輔佐自己。於是他「三顧茅廬」，請
來了諸葛亮。在諸葛亮的精心輔佐下，終於奠定了三國鼎立
的局面。

劉備開始便在新野尋訪，先是找到了「水鏡先生」司馬

徽，但此人並不想踏入軍閥混戰、群雄爭霸的這塊是非之地，不過他提供了尋找「臥龍」、「鳳雛」的線索給劉備。果乎其然，正在他渴望著人才的時候，人才來了，這就是化名單福的襄陽名士徐庶，此人氣節高尚，思想深沉，是個才華橫溢的決策人物。他一來就替劉備三敗曹操，並且乘虛奪取了樊城，這對劉備來說當然是雪中送炭。但這好景不長，曹操假造徐庶母親的「親筆信」，騙走了徐庶。劉備在送徐庶時流著眼淚說：「先生既去，劉備亦將遠遁山林也。」徐庶為之所感動，本已分手了，他又打馬回來向劉備推薦了諸葛亮。本來徐庶以其卓越的才能，就此取得了劉備的充分信任，而當他把諸葛亮和自己比誰高誰低時，他卻說：「跟他相比，猶如是駑馬並麒麟、一隻烏鴉配一隻鳳凰。他可以比管仲、樂毅。以吾觀之，管、樂殆不及此人。此人有經天緯地之才，蓋天下一人也！」當他介紹完這位臥龍先生的姓氏、家世及當時的生活狀況後，而後又補充一句：「臥龍先生乃興周八百年之姜子牙，旺漢四百年之張子房啊。」他的介紹，使劉備在絕望之中又看到了希望，竟至踴躍而言：「今日方知『臥龍、鳳雛』之語。何期大賢只在目前！非先生言，備有眼如盲也！」於是下定了非把他請出來不可的決心。

劉備打聽到諸葛亮的住地後，便率關羽、張飛等人去拜訪，眾人來到了一處風景宜人的茅舍前，裡面出來一位小書

僮。劉備便很完整的說出自己的官名和名字以求見，沒想到小童卻說：「我記不住這麼長的名字。」劉備只得說：「你說劉備求見便是。」小童這才回答：「先生一早出去了。」劉備問：「什麼時候能回來？」書僮說：「那可說不定，也許是三五日，也許是十幾天，沒準。」劉備一請諸葛亮就這樣落了空。

第二次，劉備等人又專程拜見諸葛亮，竟又未見到。關羽、張飛等人頗為不滿，劉備卻對他們說：「此次未見，下次再來。」關、張二人更不高興，嘴裡嘟噥不停。

到了諸葛亮的茅廬，劉備下馬，虔誠地輕叩柴門。那位書僮出來說：「諸葛先生正在堂上讀書呢。」

劉備非常高興地進去拜見，只見那位少年英俊年輕，也不過二十來歲。劉備恭敬地行個禮說：「我已久仰先生大名，這次終於見到您，實在萬幸。」那位少年慌忙還禮說：「將軍是劉豫州吧。聽書僮說過，您曾經來找過我二哥。」劉備非常驚訝地問：「您不是臥龍先生嗎？」那少年說：「我是諸葛均。大哥諸葛謹在東吳做官，我和二哥孔明在這裡躬耕。」

這時劉備二請孔明又撲了空，他只好給諸葛先生留下一封信，信中表達敬仰之意，並且說改日再來拜訪。就這樣過了幾天，劉備打聽到諸葛亮確實在家，劉備就讓關羽、張飛做陪，三赴隆中。第三次，劉備終於見到了諸葛亮。諸葛亮

被劉備的真心真意所折服，立刻同意效力，劉備終於請出了孔明出山。這就是歷史上「三顧茅廬」的故事。

劉備三顧茅廬，精誠所至，使諸葛亮大為感動。二人一見如故，相見恨晚。劉備虛心請教天下之事，諸葛亮便將自己對時局的精闢見解毫無保留地對劉備傾說。諸葛亮分析了曹、孫、劉當時各自占有的天時、地利與人和因素，提出了占荊襄、奪益州三分天下的策略，這就是歷史上有名的「隆中對」。

在當時，隆中對策對苦苦求助而四處碰壁的劉備來說，勾畫出開創大業的仙境。他在屢遭挫折失敗、寄人籬下的困境中，猶如得到一副靈丹妙藥，使劉備振聾發聵，茅塞頓開，不禁連連叫好。於是，劉備便請諸葛亮一同出山，輔佐他成就大業。諸葛亮一來久聞劉備英名，早知劉備乃成大事之人；二來為劉備的誠懇心意所感動，遂同意出山。

隆中對後，劉備又遭到曹操的大軍進攻，於是離開新野南逃，在當陽長坂坡被曹操團團包圍。劉備拋卻妻子部屬民眾，只帶領諸葛亮、張飛、趙雲等人突圍而走。趙雲孤身懷抱劉備弱子劉禪，殺出重圍；張飛在當陽橋頭喝退曹操大軍，都是三國之中的傳奇故事。後來劉備與孫權聯合，在赤壁火燒曹操水軍，擊潰曹軍。這就是歷史上有名的「赤壁之戰」。

三、魏晉南北朝帝王

　　赤壁之戰後，劉備總算是喘了一口氣，隨後又將武陵（治所在今湖南常德）、長沙（治所在今長沙）、桂陽（治所在今湖南郴縣）和零陵（治所在今湖南零陵）等四郡收服，開始有了三分天下的雛形。但其實力和地盤與曹、孫相比，仍難抗衡。因此，如何進一步增強勢力，擴張地盤，便成了當務之急。

　　當初，諸葛亮在「隆中對」中，就提出占有荊益二州以成帝王之業，劉備占有荊州後，便著手進取益州。

　　當時的益州是漢朝宗室劉璋的領地，他懦弱無能，因此內部危機四伏，全州上下都盼望賢德之人入主益州。當初曹操打下荊州，劉琮歸降，劉璋也極害怕，就想歸附曹操，便派張松去荊州拜見曹操，誰知曹操對張松十分冷淡，張松極為惱火，便辭別曹操，去見劉備。劉備對張松誠懇熱情，使張松十分感動，於是將益州地圖獻給劉備，並與法正等人一同密謀，想將益州獻給劉備。

　　這時，占據漢中的張魯進攻益州，劉璋便派法正去見劉備，想請劉備出兵攻打張魯。沒想到法正見了劉備，就直接請劉備去當益州的主人。劉備沒有立即答應，法正說：「以將軍的才華，正可利用劉州牧的懦弱，以張松為內應，奪取益州。然後依靠益州的豐富資源，憑藉蜀道天險的地理位置建立帝王的基業。」劉備心動了，可嘴裡還是說：「我和劉璋都

是漢室宗親，打他可就大逆不道了！」龐統聽說益州的法正又來了，劉備還有些猶豫是否入川，於是大力勸說劉備奪取益州，劉備假惺惺地推辭一番後，終於答應了。

劉備讓法正先回成都稟報，諸葛亮帶關羽、張飛、趙雲留守荊州，自己由龐統輔佐，帶黃忠、魏延、劉封、關平西進入川。隨後在張松，法正等人的支持下，與劉璋大戰，進占涪城、綿竹，包圍雒城後（今四川廣漢），攻了足足一年，方把雒城攻下，軍師龐統也在攻城中中箭身亡。攻下雒城後，劉備即率軍包圍了成都，十幾天後，劉璋終於出城投降。劉備攻下成都後，自稱益州牧。

曹操見劉備奪得益州，便率兵來攻。劉備手下大將黃忠在定軍山殺掉夏侯淵，隨後逼得曹操無糧而退兵。劉備遂乘勝占領漢中，又派劉封、孟達等攻占漢中郡東部的房陵（今湖北房縣），上庸（今湖北竹山西南）等地，擴展了疆域。此後，在部下的擁戴下，劉備自稱漢中王。

劉備自立為漢中王後不久，就得到曹操的兒子曹丕自立為大魏皇帝的消息，劉備痛哭失聲，並下令文武百官披麻掛孝，遙望北方設祭，追加漢獻帝的謚號為「孝愍皇帝」，可心裡想的是自己榮登帝位的時機臨近了。

為了達到其目的，他煽動親信四處製造所謂西南方向多現帝王之相的瑞氣祥瑞。時過不久，各地果然都紛紛報告出

現了吉祥的黃鳳氣、彩雲和丹鳳，還說在漢水中發現了漢高祖的玉璽。劉備手下的文武大臣，都很想劉備早日稱帝，他們紛紛向劉備上書勸進。劉備還假惺惺地加以拒絕，但是以諸葛亮為首的文武大臣再次面請劉備稱帝。但劉備此時還是不敢輕易答應。

諸葛亮見劉備還下不了決心，就裝病不出。劉知此消息後，親自到家中問候，問他得的什麼病？諸葛亮說：「憂心如焚，命不久矣！」劉備問有何憂事，諸葛亮都不回答劉備的問話，劉備再三詢問，諸葛亮才有氣無力地說道：「我自被您請出茅廬，相隨到今，您每次都是言聽計從。現在您的時機已成熟。文武百官想奉您為皇帝，一來是因為這樣做是順從天意，並可同您一起滅魏興劉；二來您應該明白，現在天下分崩，英雄齊出，各霸一方，四海才德之士，捨死之生而事其上者，都是想攀龍附鳳建立功名啊！沒想到您至今不肯，文武大臣都有怨恨之心，他們不久肯定會遠走他鄉的。如果都離您而去，吳和魏來進攻，您的江山會保不住的，我作為您的臣子能不為此而憂嗎？」劉備聽完此話說道：「不是我推辭，我是怕天下人心還不服啊！」諸葛亮緊接著說：「聖人講的『名不正，則言不順』，而今您是名正言順，別人有什麼話可說呢？你沒有聽說『天與弗取，反受其咎』？」

劉備見諸葛亮如此說，就順口應道：「等軍師病好之後，

再行登基大禮也不遲。」諸葛亮一見劉備答應了此事，一躍而起，用手一擊屏風，躲在屏風後面的眾大臣一齊擁出來，跪拜在地，口稱：「主公既已答應，就擇定吉日良辰，舉行登基儀式。」劉備見是諸葛亮與眾大臣設的圈套，是催自己早日表態，裝作無所謂地說道：「陷我於不義者，是你們這班大臣啊。」沒有過多久，就在成都武當山之南舉行了即位儀式。祭文讀完，文武百官一起高呼「萬歲」，歌舞禮畢，劉備定國號為蜀漢。

這時，在荊州那邊傳來關羽被東吳殺害的消息。原來關羽在荊州與曹操作戰，從荊州出兵，進攻襄陽和樊城，並利用水勢，水淹七軍，擒于禁，殺龐德，敗曹仁，勢不可擋。一時間，關羽威震華夏。但隨後，曹操便與孫權結盟，共同襲殺了關羽。這一來，荊州就全部落入孫權手中，孫劉聯盟徹底破裂。

荊州對於劉備來說，至關重要。按照既定的策略方針，劉備以討伐曹魏、復興漢室的名義，兩路進攻中原。一路出漢中，一路出荊州，互相呼應配合。失去荊州之後，北伐曹魏只剩漢中一路，況且山路多險，糧草難繼，取勝希望不大。如不奪回荊州，劉備便被封閉在三峽之內、極難發展。因此，劉備決計進攻東吳，奪回荊州，為關羽報仇。

劉備對東吳占領荊州、關羽被殺這件事，一直是十分痛

三、魏晉南北朝帝王

心的。他即位之後的第一件事就是進攻東吳，報仇雪恥。

大將趙雲說，篡奪皇位的是曹丕，不是孫權。如果能滅掉曹魏，東吳自然就會屈服，不該放了曹魏去打東吳。

別的大臣勸諫的也不少，但是劉備說什麼也聽不進去。他把諸葛亮留在成都輔佐太子劉禪，親自率領大軍去征伐東吳。劉備一面準備出兵，一面通知張飛到江州（今四川重慶）會師。還沒有等劉備出兵，張飛的部將叛變，殺了張飛投奔東吳。劉備一連喪失兩員猛將，力量大大削弱，但他急於報仇，已經沒有冷靜考慮的餘地了。

警報到了東吳，孫權聽說劉備這次出兵聲勢很大，也有些害怕，派人向劉備求和，但是遭到劉備的拒絕。

沒過幾天，蜀漢人馬已經攻下吳縣，一直打到秭歸。孫權知道講和已經沒有希望，就派陸遜為大都督，帶領五萬人馬去抵抗。

劉備出兵沒幾個月，就攻占了東吳的土地五六百里地。他從秭歸出發，急於向東繼續進軍。隨軍官員黃權攔住他說：「東吳人打仗向來很勇猛，千萬別小看他們。我們水軍順流而下，前進容易，要退兵可就難了。還是讓我當先鋒，在前面開路，陛下在後面接應。這樣比較穩妥。」

劉備心急火燎，哪裡肯聽黃權的話。他要黃權守住江北，防備魏兵自己率主力沿著長江南岸一直進軍到了亭。

　　東吳將士看到蜀軍得寸進尺，步步緊迫，都摩拳擦掌，想和蜀軍大戰一場。可是大都督陸遜卻不同意。

　　陸遜說：「這次劉備帶領大軍東征，士氣旺盛，戰鬥力強。再說他們在上游，占領險要地方，我們不容易攻破他。要是跟他們硬拚，萬一失利，丟了人馬，這是非同小可的事。我們還是積蓄力量，考慮策略。等日子一久，他們疲勞了，我們再找機會出擊。」

　　陸遜部下的將軍，有的還是孫策手下老將，有的是孫氏的貴族，對孫權派年輕的書生陸遜當都督，本來已經不大服氣。現在聽到陸遜不同意他們出戰，認為陸遜膽小怕打仗，更不滿意，在背地裡憤憤不平。

　　蜀軍從巫縣到彝陵（今湖北宜昌東）沿路紮下了幾十個大營，又用樹木編成柵欄，把大營連成一片，前前後後長達七百里地。劉備以為這樣好比布下天羅地網，只等東吳人來攻，就能把他們消滅。但是陸遜一直按兵不動。從這年（222）一月到六月，雙方相持了半年。劉備等得急了，派將軍吳班帶了幾千人從山上下來，在平地上紮營，向吳兵挑戰。東吳的將軍，耐不住性子，要求馬上出擊。陸遜笑笑說：「我觀察過地形。蜀兵在平地裡紮營的兵士雖然少，可是周圍山谷一定有伏兵。他們大聲嚷嚷引我們打，我們可不能上他們的當。」將士們還是不相信。過了幾天，劉備看見

東吳兵不肯交戰，知道陸遜識破他的計策，就把原來埋伏的八千蜀軍陸續從山谷中撤出來。

　　一天，陸遜突然召集將士們，宣布要向蜀軍進攻。將士們說：「要打劉備，早該動手了。現在讓他進來了五六百里地，還占領了主要的關口要道，我們要是現在打過去，不會有好處。」陸遜向他們解釋說：「劉備剛來的時候，士氣旺盛，我們是不能輕易取勝的。現在，他們在這待了這多日子，一直占不到便宜，士兵們已經很疲勞了。我們要打勝仗，是時候了。」他派了一小部分兵力先去攻擊蜀軍的一個營，剛剛靠近蜀營的木柵欄，蜀兵從左右兩旁衝出來廝殺接著，附近的幾個營裡的兵士也出來增援。東吳兵抵擋不住，趕快後退，已經損失下少人馬。將軍們抱怨陸遜，陸遜說：「這是我試探一下他們的虛實。現在我已經有了破蜀營的辦法了。」當天晚上，陸遜命令將士每人各帶一束茅草和火種，預先埋伏在南岸的密林裡，只等三更時候，就直奔江邊，火燒連營。到了三更，東吳四員大將率領幾萬士兵，衝近蜀營，用茅草點起火把，在蜀營的木柵欄放起火來。那天晚上，風颳得很大，蜀軍的營寨都是連在一起的，點著了一個營，附近的營也就一起延燒起來，一下子就攻破了劉備的四十多個大營。等到劉備發現火起，已經無法抵抗。在蜀兵將士的保護下，劉備總算逃上了馬鞍山。陸遜命令各路吳

軍，圍住馬鞍山發起猛攻，一直戰鬥到夜裡，劉備才帶著殘兵敗將，突圍逃走。吳軍發現了，緊緊在後面追趕。還虧得沿途的驛站，把丟下的輜重、盔甲堵塞在山口要道上，阻擋住了東吳的追兵，劉備才逃到了白帝城。

這一場大戰，蜀軍幾乎全軍覆沒，船隻、器械和軍用物資，全部被吳軍繳獲。歷史上把這場戰爭稱作「亭之戰」，也叫「夷陵之戰」。

火燒連營之後，對於已進入暮年的劉備來說，是一個沉重打擊，這次失敗使他心情鬱悶終致一病不起，後來病勢加重，他急召諸葛亮到白帝城以託付後事。

在這場白帝託孤的戲裡，劉備上演了他最後一場哭戲，並以弱示強，逼得諸葛亮不敢在劉備死後篡位自立，這也算是劉備臨死前為蜀漢盡的最後一點功勞吧。

西元 223 年，劉備在白帝城病死，享年 63 歲。

孫權

當曹操和袁紹在北方激烈爭奪的時候，南方有一支割據勢力逐漸壯大起來，這就是占據江東的孫策、孫權兄弟。

後來，孫策中暗箭身亡，孫權繼承其父兄的事業之時，雖已擁有會稽、丹陽、吳郡、豫章、廬陵和廬江六郡，但這些地方新占不久，人心並未歸附，統治並不鞏固。將士新增

主帥，見即位者年輕，放心不下。許多江東英豪和北方僑寓之士，也多徘徊觀望，有人甚至想改換門庭，另投新主。在此關鍵時刻，江東名士周瑜從駐地巴秋率軍前來，穩住了軍心，與張昭等說服眾人齊心輔佐幼主，到處宣傳孫權有帝王之相，可以共成大業。於是，江東人心漸安。

孫權為鞏固在江東的統治，調兵遣將，開始征伐不服從自己的人。他先後將叛亂的廬江太守李術、孫權的叔伯哥哥孫輔及黃祖等人消滅，鞏固了在江東的統治。隨後，他又將統治區內的山越人收服，使得自己的統治區域擴大至今廣州一帶。

西元前 208 年，曹操親率八十萬大軍進攻大吳。孫、劉聯合，在赤壁大敗曹軍。

經過這場赤壁大戰，三國分立的局面已經基本形成。

孫權把都城從京口（今江蘇鎮江市）西遷至秣陵，築石頭城，改名建業（今南京市）。同時，他在通往巢湖的濡須口設立夾水塢，控制通長江的水道，以防曹操南下。

西元 219 年，劉備與曹操戰事又起，駐守荊州的關羽也出兵攻打曹操的襄陽、樊城兩地，並在樊城外水淹七軍，威名大震。曹操無奈之下，便想利用孫劉兩家之間的矛盾，與孫權攻打關羽。

劉備和孫權兩家雖然結了盟，但是矛盾很大。魯肅在世

的時候，是主張吳蜀和好，一起對付曹操的。後來魯肅死了，接替他職務的大將呂蒙，就和魯肅的主張不同。

呂蒙，是三國時東吳的著名大將，少時家貧，年幼從軍，沒有條件讀書。赤壁大戰，呂蒙因勇猛過人，戰功顯著，晉升為偏將軍。呂蒙接替了魯肅的職位以後，率軍駐紮在陸口。他認為關羽有兼併東吳的野心，向孫權上書要求出兵對付關羽，說：「劉備、關羽君臣，都是反覆無常的人，不能把他們當盟友看待。」

正好在這個時候，曹操派使者來聯絡，要他夾攻關羽。孫權馬上覆信，表示願意襲擊關羽的後方。

關羽也聽說呂蒙厲害，他雖然親自率大軍進攻樊城，但對在他背後的呂蒙這一頭，可並沒有放鬆防備，在蜀吳交界一帶，他沿途設了多個烽火臺，一旦吳軍來攻，只要點燃烽火，關羽就可回師荊州。

呂蒙稱病，孫權派了一個年輕的陸遜去接替呂蒙。這個消息很快傳到樊城。關羽也就放了心，遂抽調兵力去圍樊城，不再以後方為慮。

借此機會，呂蒙把所有的戰船都改裝作商船，選了一批精銳的士兵躲在船艙裡。船上搖櫓的士兵扮作商人。就這樣，一列又一列商船向北岸進發了。

到了北岸，蜀軍守防的兵士一看都是穿白衣的商人，就

允許他們把船停在江邊。沒想到一到晚上，船艙裡的兵士一齊出來，偷偷摸進江邊崗樓，把崗樓占了。

呂蒙大軍神不知鬼不覺地占領了北岸，進占公安。

這時候，曹操派去的徐晃率領的援軍，已到了靠近樊城的前線。關羽得知呂蒙襲擊後方的消息，正在進退兩難的時候，徐晃發起進攻，打敗了關羽，使關羽不得不撤去對樊城的包圍。

關羽到這時候，才知道對東吳的防備太大意，可是已經來不及了。他只好帶了人馬逃到麥城。孫權進軍麥城，派人勸關羽投降。關羽帶著十幾個騎兵往西逃走。孫權早已派兵埋伏在小道上，把關羽十幾個騎兵截住，活捉了關羽。孫權欲不殺關羽，眾人一齊勸諫。於是，孫權便殺了關羽父子，將荊州全部奪回。

西元 220 年，曹操病死，子曹丕代漢稱帝，建立魏國。孫權知道自己已奪回荊州，劉備必然出兵再爭荊州。為避免兩面受敵，他派使節向曹丕祝賀稱臣。吳魏兩國暫時保持了友好的關係。

曹丕受到迷惑，不再考慮出兵攻吳，孫權避免了魏的攻擊，得以全力對付劉備，這時，劉備傾國來攻，孫權派陸遜前往抵禦，陸遜設計火燒連營，將劉備大軍擊潰，取得全勝。

這時，吳蜀聯盟徹底破裂。孫權表面上雖向魏國稱臣，但並非出於真心。曹丕為加強對東吳的控制，再三要求孫權

把兒子孫登送到魏國作人質，孫權自然拒絕了，於是魏吳之間戰火又起。

西元 222 年，曹丕派三路大軍向東吳進攻，孫權連忙調兵遣將、抵擋曹軍。

這時，孫權意識到如果繼續與蜀漢為敵，將有兩面受擊的危險，於是主動派人前往蜀漢，與其修好，蜀漢丞相諸葛亮也想繼續執行聯吳抗曹的策略方針，一心想先經營西南，然後再作他圖。於是你有情我有意，吳蜀聯盟重新建立，孫權也得以抽身對付南侵的魏軍。他接受手下將領的建議，在長江南岸多樹木樁，圍上蘆葦，塗上泥灰，建造假樓疑城，迷惑魏軍，使得曹丕無可奈何地撤軍北還。

這時，諸葛亮也帶領蜀軍，對魏國不斷發動進攻。曹魏無法分兵東向，於是，孫權建國稱帝的時機終於成熟了。

孫權並將心思用於發展江南經濟，使江南社會生產力逐步上升，東吳的國力也越來越強盛。這時，孫權見曹魏幼主臨國，不會有大的作為，吳蜀聯盟關係融洽，國內統治十分穩固，便於西元 229 年稱帝，正式建立吳國。

即位後的孫權，繼續執行即位前的政治軍事和經濟政策，國力日漸增強。

孫權在用人方面很有一番心得，孫權恩威並重，以恩義為主，博取眾將之心。正因為孫權能禮賢下士，愛才如命，天下之士才視孫權為聖君明主，望風而歸，使東吳賢臣如

林，猛將如雲，故能保江東幾十年基業。

　　孫權還虛懷若谷，從善如流，對臣下的正確諫諍，勇於採納。孫權與群臣曾在武昌臨釣臺飲酒，皆酩酊大醉。孫權還興奮地說：「今晚大家都要暢飲，一醉方休！」老臣張昭沉默不語，起身走發表外，孫權派人將張昭叫回來，問張昭說：「不過是一起作樂，你何必生氣？」張昭答道：「過去商紂王作酒池肉林，竟長夜之飲，當時也認為是作樂，而不覺得是作惡。」孫權聽後，默然不語，思慮再三，深感慚愧，遂命罷酒。不過孫權到了晚年，也難免犯了老人病，他剛愎自用，猜忌群臣，信用奸臣，排斥忠良，與前期英雄作為相比，簡直判若兩人。隨著猜忌心的日益加重，孫權專門設置了校事、察戰兩職，用以監視文武百官。

　　西元 252 年，孫權病死。

司馬炎

　　西元 265 年，司馬炎以當年魏王曹丕接受漢獻帝禪位幾乎一樣的口吻，接受了魏帝曹奐的禪讓，建立晉朝。

　　司馬炎即位後，首先要處理的是內憂外患。這內憂是他的父祖帶來的。為了給司馬氏家族奪取皇位鋪平道路，司馬懿與司馬師、司馬昭曾經對曹氏家族以及附屬勢力進行了殘酷的屠殺，人們仍然對此心有餘悸。外患即是東吳，蜀漢已

平，而此時的東吳雖不足以與西晉抗衡，但畢竟也是一個不小的威脅。因此，要解決內憂外患，鞏固自己的統治，就必須採取懷柔政策。於是司馬炎剛即位，就下令讓已成為陳留王的魏帝載天子旌旗，行魏正朔，郊祀天地禮樂制度皆如魏舊，上書不用稱臣，同時又賜安樂公劉禪子弟一人為駙馬都尉，然後又解除了對漢室的禁錮。這一箭三雕之法，緩和了朝廷內患、安定了蜀漢人心，還贏得了吳人的好感，進而為吞併東吳取得了主動權。

為了使國家從動亂的環境中擺脫出來，為統一打下牢固的基礎，無為與寬鬆成了西晉之初的立國之策。司馬炎力求在國家的大政方針中充分體現這一點。當年曹操曾為了安定人心，恢復國力，實行了比較寬鬆開放、節儉求實的建國方針，但到了曹丕，政治漸趨嚴厲，社會風氣亦向腐敗轉化，魏武當年的風範已是明日黃花。皇帝往往為了滿足自己的私慾，不斷把強大的物質重負轉移到百姓的身上。而連綿的戰亂，更使百姓處於慘淡的生計之中。在這種情況下，司馬炎提出無為而治的方針是適宜的。

西元279年，司馬炎下令，晉軍二十萬分幾路伐吳。吳軍為了阻擋晉軍的進攻，也早有準備，他們在長江的險要之處，布下長長的鐵鏈，又在江中埋了長丈餘的鐵錐，企圖使晉軍的戰艦陷入尷尬的境地。王濬是個有謀略的將軍。他

三、魏晉南北朝帝王

早就作好伐吳的準備，在益州督造了大批戰船。這種戰船很大，能容納兩千多人。船上還造了城牆城樓，人站在上面，可以四面眺望。所以也稱作樓船。見吳軍的防禦如此，王濬想出了一個辦法。他吩咐晉兵造了幾十只大木筏，每個木筏上面放著一些草人，披上盔甲，手拿刀槍，還在木筏上灌足了麻油，一點就著。他又派幾個水性好的兵士帶領這一隊木筏隨流而下。這些木筏碰到鐵錐，那些鐵錐的尖頭就紮在木筏底下，被木筏掃掉了。在碰到攔在江面的鐵鏈以後，王濬命令點燃木筏，一時間，木筏燃起熊熊大火，燒了一段時間以後，那些鐵鏈鐵鎖都被燒斷了。王濬的水軍掃除了水底下的鐵錐和江面上的鐵鏈，大隊戰船就順利地打進東吳地界，很快就和杜預中路的大軍會師。

他們一路南下，直驅建業。這時，另一路陸路大軍在王渾的率領下也勢如破竹，合圍建業。在兩路大軍的夾攻下，建業城中的孫皓成了甕中之鱉，只得素車白馬，肉袒面縛，投降西晉。東吳這個立國近六十年，曾經雄踞江東的國家，終於斷送在亡國之君孫皓的手中。

司馬炎滅吳之後，認為基業已成逐懈怠下來，開始追求享受。當年雄姿英發的司馬炎，由於縱慾縱樂，很快就體虛理力虧，朝不保夕。西元 290 年，這位開國皇帝與世長辭。

劉淵

　　劉淵是個典型的「追星族」，他追的這「星」就是漢高祖劉邦和光武帝劉秀，因而建立的國家稱「漢」，就連自己死後的諡號與廟號都與劉邦和劉秀的差不多，劉秀是「漢光武帝」，劉淵則是「光文帝」劉邦是「漢高祖」，劉淵也是「高祖」。劉淵所作所為，也是一直以劉邦劉秀之所為作為自己的行為準則。

　　西漢末年以來，一部分匈奴人散居在山西一帶的邊遠郡縣，他們逐漸接受了漢族的文化。匈奴族認為祖先曾多次跟漢朝和親，是漢朝皇室的親戚，後來就改姓劉。曹操統一北方後，把匈奴分為五個部，每個部都設部帥，匈奴貴族劉豹是其中一部的部帥。劉淵便是劉豹的兒子。劉淵很喜歡學習，年少時就閱讀了大量古代典籍，而且還練就了一身的好武藝。

　　劉淵十幾歲時，以人質的身分到了洛陽，他在這裡廣泛結交漢族官僚。劉豹病死後，劉淵接替左部帥之職，後來又被封為北部都尉。劉淵從嚴治理，輕財好施，以誠相待，逐漸吸引了一大批有志之士。匈奴五部都歸附了劉淵。後來劉淵又被調到鄴城，升任寧朔將軍，負責匈奴五部的軍事工作。

　　這時「八王之亂」已經拉開了序幕，北方地區成了西晉

133

宗室互相殘殺的舞臺,人民生活在水深火熱之中。匈奴左賢王劉宣等人見恢復匈奴故業的時機已到,便祕密推舉劉淵為大單于,並派人到鄴城請劉淵回來。

劉淵接到邀請後,迫切希望離開鄴城,但司馬穎不同意,劉淵只好暫時作罷。西元 304 年,王浚、司馬騰起兵反晉,劉淵乘機對司馬穎說:「王浚、司馬騰兵多將廣,僅憑我們目前的實力恐怕很難把他們消滅。我想回去為殿下調動匈奴五部的兵馬,共同對付他們。」司馬穎答應了。

劉淵離開鄴城,馬不停蹄地趕到左國城,自稱大單于,起兵攻擊司馬騰,不到 20 天,手下士兵就發展到五萬人。

劉淵離開鄴城不久,王浚手下就率領鮮卑人包圍了鄴城。劉淵聽到這一消息時,準備發兵攻打鮮卑、烏桓,解鄴城之圍。劉宣等人勸劉淵說:「西晉君臣不值得相救,難道你忘了他們把我們像奴僕一樣對待,這口氣您能嚥得下去嗎?現在司馬氏互相殘殺,正是滅晉的大好時機。況且,鮮卑、烏桓與我們同是受欺壓的少數民族,我們可以聯合他們,使他們成為我們的外援,怎能去傷害他們呢!」劉淵一聽如夢初醒,激動地說:「好!我現在有十萬雄兵,消滅晉朝,就像秋風掃落葉般容易。但是,我們不要忘記,占有天下需要贏得人心。從長遠利益著想,我們應當打出漢朝的旗號。我們都知道,我們的祖先冒頓單于曾經娶漢女,和漢高祖劉邦

是結拜兄弟，我們都是漢朝的外甥。這樣，我們把國號叫做漢就名正言順了。」於是劉淵便自稱漢王。這時，汲桑、王彌、石勒遭到晉軍重創後，先後投入了劉淵的懷抱，劉淵的勢力更加強大了。西元308年，劉淵自稱皇帝，把國都遷到了平陽（今山西臨汾西北），以圖進攻洛陽。之後，劉淵派王彌、劉曜兩次進攻洛陽，但都沒有成功。西元310年，劉淵病死。

石勒

　　石勒年少時，家庭條件還不錯，後來家道中落，石勒為生活所迫，14歲時就常常到洛陽做些小生意。

　　到了西元4世紀末，石勒家鄉出現大饑荒，白骨露於野，活下來的人都逃荒去了。石勒也跟著去逃荒，結果被賣到冀州為奴。後來，他的主人見他是個人才，就讓他重新獲得了自由。

　　獲得自由後的石勒，萬般感慨在心頭，正巧這時八王之亂開始，天下大亂，石勒乘機召集了18個人起義，號稱「十八騎」。後來，石勒率18騎先是投靠了起兵反晉的公師藩，公師藩被殺後，石勒收攏了公師藩的殘餘部隊，又召集了一些犯人和流民，終於建立了他的武裝。西元307年，石勒投靠劉淵，被劉淵封為輔漢將軍、平晉王。

　　為了得到劉淵的重用，石勒向劉淵獻計，並親自執行，殺掉不肯向劉淵投降的伏利度，然後領著伏利度的兵馬向劉淵報功領賞。劉淵大喜，於是提拔石勒為督山東征討諸軍事，並把伏利度的兵馬交給石勒管理。

　　西元 308 年，石勒先後攻陷了魏郡、汲郡、頓丘、鄴城、趙郡，中丘，迅速擴大了自己的實力。西元 312 年，石勒準備進攻建鄴，於是徵集民工趕造戰船，結果大雨連下三個月，使得石勒的兵力大為受損。這時，司馬睿又命令各路大軍討伐石勒，無奈之下，只好率兵後撤。

　　石勒到了鄴城，在謀士張賓的建議下，占領襄國，並讓其作為自己的根據地，發展生產，擴充武裝，然後四處征討。先後擊敗占據河北之地的王浚、劉混等勢力，使自己的力量迅速壯大。

　　西元 318 年，劉聰在臨終前，將太子劉粲託付給劉曜和石勒。劉聰死後，劉粲即位不久，就被靳準發動叛亂殺掉。之後，劉曜稱帝，石勒認為自己與其實力相當，但卻要向劉曜稱臣，於是與劉曜翻臉，分道揚鑣。

　　這時的石勒已經有了稱帝之心，謀士張賓、張敬等人看出他的企圖，於是聯名勸進，請求石勒稱帝。石勒在半推半就下，於西元 319 年自稱趙王，建立後趙政權。

　　建立後趙國後，石勒將一心撲在發展生產，增強國力的朝政上。為了籠絡統治區的人民，石勒下令對普通百姓實行

減租，給每位孤寡老人三石穀子，對出名的孝子孝孫和努力耕作的農民賜給數量不等的帛；又對有功的大臣進行分封，迅速鞏固了自己的統治地位。除此而外，石勒為得到中原地主的支持，以便自己在中原地區站穩腳跟，於是讓張賓負責制訂門閥士族的等級還命令公卿及州郡推薦人才，籠絡人心。

石勒稱王後，對戎馬生涯已感疲憊，主要精力都放在國家的長治久安上。當時祖逖正準備北伐，石勒為與之交好，下令修復祖逖的祖墳，從而使一場戰爭得以避免，保證了人民的休養生息。

西元 325 年，國力日盛的後趙，準備出兵討伐劉曜，經過多次戰爭後，石勒終於率兵打敗劉曜，滅掉前趙。

西元 330 年，石勒在大臣的勸說下先是自稱大趙天王，後來又稱帝，改元建平。隨後於次年遷都鄴城。

晚年的石勒，也喜歡評價自己的功過。西元 332 年，石勒大宴群臣，酒興正濃時，石勒問手下大臣說：「我可以和前代哪位皇帝相比？」善於拍馬屁的大臣趕緊回答：「陛下的功績要高於漢高祖劉邦。」石勒高興極了，笑著說：「人有自知之明，你說的太過分了。如果我遇到漢高祖，一定向他稱臣。大丈夫做事情應當光明磊落，不能像曹丕、司馬炎那樣靠欺負孤兒寡母奪取天下。」大臣們聽完，少不了高呼幾聲「陛下萬歲」。

西元 333 年，石勒病逝，享年 61 歲。

石虎

　　石虎從小就被叔父石勒收養。但在 11 歲時突然失蹤，直到 17 歲時，石虎才重新回到石勒身邊。也許是這些年，石虎經受了太多的磨難，其間痛苦和恥辱也給石虎留下了強烈的心理障礙，加上流浪當中，多習了一些流氓性格，造成後來石虎在稱帝後大肆殺人，成為一個暴君。其實在他剛回到石勒身邊時，他的殘暴就初露端倪。石勒為此曾想殺掉他，以絕後患，還是石勒的母親勸阻了他，石虎方才有命活到後來稱帝。但就是石勒的仁慈，使得石勒子孫被石虎殺個精光。

　　石虎成年後，在每次戰鬥中，都英勇殺敵，所向披靡。石勒也慢慢地對他比較器重，提拔他為征虜將軍。西元 330 年，石勒稱帝，封石虎為中山王、尚書令。石虎本來以為石勒稱帝後會把大單于的位子送給自己，不料石勒卻給了兒子石弘。石虎從此有了怨恨之心。石勒病死後，石虎終於有了發洩的機會。他先逼迫太子石弘即位，之後又將其廢為海陽王，不久，又將石弘及其他石勒的兒子們全部殺掉，總算解了心頭之恨。

　　稱帝後，石虎就開始大興土木，下令在襄陽建太武殿，在鄴城建東、西兩宮，又在顯陽殿的後面營建靈鳳臺九殿。這些工程完工後，石虎就派人在民間挑選一萬多名女子，分配到各殿，以供自己玩樂。

　　石虎還喜歡炫耀一下自己的武力，於是窮兵黷武，四處征討。但他的討伐大多以失敗告終。征伐不力的石虎，就把一廂怒氣全撒在了後趙臣民的身上，他早已在民間蒐羅了三萬多女子充實後宮，還嫌不夠，又於西元 345 年再次搜尋民女。各郡縣官吏為了討好石虎，四處尋找美女，也不管是否結婚，只要漂亮就給搶走送給石虎。地方官吏也趁火打劫，搶奪美女，一時後趙國內人心惶惶，百姓日益不滿，眼看一場大起義就要爆發了。可石虎不管，還是照樣魚肉百姓，西元 347 年，石虎聽了和尚吳進的胡言亂語，命令徵發男女 16 萬人、10 萬輛車，在鄴城北邊修築華林苑和幾十里長的苑牆。這時，太子石宣殺掉了為石虎祈福的兒子石韜。石虎聞知大怒，他讓人在鄴城北部堆起乾柴，讓人分別拖著石宣的頭髮，扯著石宣的舌頭，把石宣拖到乾柴上面，又讓人把石宣的手腳砍斷，挖出眼睛和腸子，然後點燃了乾柴。石虎親眼看著大火把石宣燒成灰燼，但仍覺得解不掉心頭之恨，於是又把石宣的妻兒全部殺掉。石宣的小兒子才有幾歲，從小就跟著石虎長大，此時嚇得抱著石虎的腿哇哇直哭，石虎產生了憐憫之心，就把他抱起來，但執行命令的劊子手硬是把他從石虎懷中奪去殺害。

　　西元 348 年，染病在身的石虎本想透過稱帝、改元消災沖喜，於是稱帝，改元太寧。但此時的後趙人民的起義已是

箭在弦上，就在石虎稱帝後不久，被石虎派去戍邊的士兵在梁犢領導下發動起義，石虎傾全國兵力才把起義軍鎮壓下去。

西元 349 年，石虎在平息起義中耗盡精力，終於病死。

苻堅

苻堅（西元 338～385 年），最初是前秦的東海王，後殺苻生，自立為秦大王。他任用漢人王猛，壓制不守法令的貴族，加強中央集權。他先後攻滅前燕、前涼，統一了北方大部分地區，並奪取了東晉的益州。西元 383 年，苻堅帶領 90 萬大軍南下，進攻東晉。淝水之戰大敗，各部首領趁機自立，苻堅被羌族首領姚萇擒殺。

苻堅是氐族人，其祖上為氐族的部落酋長，到他爺爺苻洪為部落酋長時，正值西晉大亂。氐人部落勢單力薄，苻洪先後率部落投附前趙和後趙。冉閔滅後趙後建魏，濫殺胡人，逼迫氐、羌各族紛紛逃回本土，苻洪乘機收羅人馬達 10 萬餘人。隨著氐族部落勢力的增強，苻洪自稱三秦王。苻洪死後，其子苻健占據長安，並於西元 351 年自稱大單于，後改稱皇帝，國號秦，史稱前秦。苻健死後，其子苻生即位。苻生昏庸無道，在宮中設置刀斧鋸鑿，殺戮大臣，眾叛親離。苻健的姪子東海王苻堅在族人中威望甚高，對苻生的荒淫殘暴十分憎惡。西元 357 年，他在氐族貴族的支持下，發

動政變，殺死苻生，自己登基。這一年，他才 19 歲。

　　苻堅從小聰明伶俐，勤奮好學。他仰慕漢人儒雅謙恭的君子風度，厭惡氐人淺薄粗魯的蠻族作派。他 8 歲那年，祖父苻洪請先生教他讀書。苻堅和他的兄弟們學習漢族文化和漢人禮儀制度，由於長期受漢文化的陶冶，苻堅成了一個知書達禮，頗具漢人士君氣質的年輕人。史稱苻堅「風流儒雅，有賢君風範」。

　　苻堅稱帝後，鼓勵農業生產，休息民力，使被戰亂破壞的社會經濟得到了發展。他大力推行儒學禮教，學習歷史上的聖明皇帝，廣招賢士，整頓綱紀，鎮壓豪強，使前秦出現了漢魏以來少見的清明政治。苻堅十分注意人才的招攬，他即位的當年，就下詔要各地推薦漢族士人為官，不論出身貴賤，無論士族還是寒士，只要是賢才一律錄用。對平民出身的王猛，他重用不疑，曾一年內連升五級。

　　王猛（西元 325 ～ 375 年）是北海劇（今山東壽光東南）人。少時家境貧苦，靠自學博覽群書，並且研究兵法，留心時事。王猛 29 歲那年（354），東晉大將桓溫率 4 萬大軍北伐攻前秦，一路漢族百姓夾道相迎，行軍途上暢通無阻，深入秦地，大敗前秦軍隊。此時都城長安只有苻堅率老弱殘兵 6,000 餘人守城，滅秦眼看唾手可得，誰知桓溫到了灞水（西安市東）上，就駐軍不前了。

三、魏晉南北朝帝王

王猛聽說桓溫帶兵打到關中，逼近長安，便特意到灞上來求見。

王猛見了桓溫略略施了一禮，沒等主人讓座，便很隨意地坐在了几案旁。桓溫看這人雖然穿著破衣短衫，行為放蕩不羈，但身材魁梧，相貌堂堂，氣度不凡。桓溫想試試王猛的學識才能，請王猛談談當今天下形勢。王猛把南北雙方的政治軍事形勢分析得一清二楚，見解十分精闢，桓溫聽了不禁暗暗佩服。

王猛一邊說一邊伸進衣襟裡東抓西撓，起先將士們感到莫名其妙，不一會兒大家明白過來，原來這位儒生正在捉虱子。這就是現在人們經常講到的「捫虱而談」的故事。

桓溫問他說：「這次我帶了大軍，奉皇上的命令遠征關中，為百姓除害。但是為什麼我來到這裡，地方上的豪傑都不來找我呢？」

王猛淡淡一笑說：「您不怕千里跋涉，深入敵人腹地。但是長安近在眼前，您卻不渡過灞水。大家不知道您心裡怎麼打算，所以不願來見您啊。」

王猛這一番話正說中了桓溫的心事。原來桓溫北伐，主要是想在東晉朝廷樹立他的威信，制服他在政治上的對手。他駐軍灞上，不急於攻下長安，正是想保存他的實力。

桓溫無話可答。但是他看出王猛是一個難得的人才，從

關中退兵的時候，他再三邀請王猛一起南下。王猛知道東晉王朝的內部衝突很大，拒絕了桓溫的邀請，仍舊回到華陰山去了。

但是這樣一來，這個捉虱子的讀書人卻出了名。

符堅聽人說「王猛捫虱論天下」的故事，便盛邀王猛與他共事。兩人一見如故，從古論到今，話語投機，見解相通，都有相見恨晚之感。符堅嘆服王猛的真才卓識，視王猛為「我之諸葛孔明」。王猛敬佩符堅的王者風範，如遇知音，決心竭盡全力輔佐符堅創建大業。

那時候，王猛才 36 歲，年紀輕，又是漢族人。前秦的氏族老臣見到符堅這樣信任王猛，哪會心服。大臣樊世是跟著符健一起打下關中的，有一次見到王猛，很生氣地罵他：「我們耕好土地，你倒來吃白飯。」

王猛也頂了他一句說：「你們不但要耕地，還要給我做飯呢！」樊世更冒火了，說：「我不把你的頭割下來掛在長安城頭上，我也不想活了。」

隔了幾天，樊世和王猛在符堅面前又爭論起來，樊世當著符堅的面，要打王猛，符堅覺得樊世鬧得不像話，把他辦了死罪。從此以後，氏族官員再不敢在符堅面前說王猛的壞話了。

王猛受到符堅的信任，幫助符堅鎮壓豪強，整頓朝政。王猛兼任京兆尹的時候，太后的弟弟、光祿大夫強德酗酒鬧

三、魏晉南北朝帝王

事，強搶人家財物和婦女。王猛一到任，就逮捕了強德，並派人報告符堅。等到符堅派人來宣布赦免強德時，王猛早已把強德處決了。以後幾十天裡，長安城的權門豪強、皇親國戚，被處死、判刑、免官的 20 多人。朝廷官員大為震驚，壞人也不敢胡作非為了。符堅讚歎說：「我現在才懂得國家應該有法制啊！」

過了十幾年，前秦在符堅和王猛的治理下，國力越來越強大，先後滅掉了前燕、代國和前涼三個小國，統一了黃河流域。

西元 375 年，王猛得了重病，符堅去探望他。王猛懇切地對符堅說：「東晉雖然遠在江南，但是它繼承晉朝正統，而且現在朝廷內部相安無事。我死之後，陛下千萬不要去進攻晉國。我們的敵手是鮮卑人和羌人，留著他們總是後患，一定要把他們除掉，才能保障秦國的安全。」

當時，符堅答應了王猛，保證按照他的設計行事。不料，這位清明的君主到晚年卻犯了糊塗病，王猛死後不久，他便把王猛的忠告拋到了腦後。

王猛認為前秦的敵手是鮮卑人和羌人，但是符堅卻十分相信從前燕來投奔他的鮮卑貴族慕容垂和羌族貴族姚萇。王猛勸他不要進攻東晉，但符堅卻把東晉當作唯一的敵人，非把它消滅不可。

　　王猛死後的第三年，苻堅就派他的兒子苻丕和慕容垂、姚萇等帶了十幾萬大軍，分兵幾路進攻東晉的襄陽。守襄陽的晉將朱序堅決抵抗。秦兵花了將近一年時間，把襄陽攻下來。

　　苻丕把朱序俘虜了，送到長安。苻堅認為朱序能夠為晉國堅守襄陽，是個有氣節的忠臣，把他收在秦國做了官。

　　苻堅接著又派兵從襄陽向東進攻淮南。東晉守將謝石、謝玄率領水陸兩路進攻，把秦兵打得一敗塗地。

　　但是，苻堅不肯就此罷休。到了西元 382 年，他認為準備成熟，又要大舉進攻東晉。他在皇宮裡的太極殿召集大臣商量。苻堅說：「我繼承王位到現在已快三十年，各地的勢力差不多都平定。只有盤踞在東南的晉國，還不肯降服。現在，我們有九十七萬精兵，我打算親自帶領去討伐晉國，你們認為怎麼樣？」

　　大臣們紛紛表示反對。大臣權興說：「晉國雖然弱小，但是他們的國主還沒犯什麼大錯，手下還有像謝安、桓沖那樣的文武大臣，團結一致。咱們要大舉攻晉，恐怕不是時候。」

　　苻堅沉下臉來，說：「連你也會說出這種喪氣的話來，真叫人失望。我有精兵百萬，兵器、糧草堆積如山，要打下晉國這樣的殘餘敵人，哪有不勝的道理。」

三、魏晉南北朝帝王

　　他的弟弟苻融看見苻堅這樣一意孤行，他苦苦勸告苻堅說：「現在要攻打晉國，不但沒有必勝的希望，而且京城裡還有許許多多鮮卑人、羌人、羯人。陛下離開長安遠征，要是他們起來叛亂，後悔也來不及了。陛下難道忘記王猛臨終前講的話了嗎？」

　　苻堅不聽，仍然固執己見，京兆尹慕容垂別有用心，勸苻堅伐晉，苻堅大喜過望，認為「與我共定天下者唯有你一人」。於是，伐晉之事決定下來。

　　西元 383 年七月，苻堅下詔大舉伐晉，百姓每十丁中抽一人當兵，年二十以下身體強健者都授羽林郎官號。八月初，苻堅派遣苻融、慕容垂等率步兵二十五萬為前鋒，以兗州刺史姚萇為龍驤將軍、監督益梁諸州軍事。苻堅自率步兵六十餘萬，從長安出發。

　　先鋒迅速占領壽春，直指揚州。東晉政府忙派都督謝石、謝玄等人，率北府兵八萬多人迎敵。

　　秦軍雖然號稱百萬，實際其中大多數是漢人與其他各胡族百姓，不願為前秦作戰，士氣很低。而且秦軍並未全部到達前線，涼州軍隊才抵咸陽，巴蜀軍隊正順江東下，河北軍隊剛剛到彭城，真正抵達前線的不過二十多萬。

　　苻堅自恃兵多，驕傲輕敵，派東晉降將朱序前往晉營誘降。朱序心懷故國，將苻堅虛實全部告訴晉將，並建議晉軍

146

趁秦大軍尚未集中，主動進攻。謝石採納了朱序的意見，派
北府將領劉牢之率五千精兵，偷襲洛澗的秦先鋒部隊。晉軍
夜襲成功，臨陣斬梁成等十將，殲滅秦軍一萬五千多人。

　　東晉大勝後，乘勝水陸並進，屯軍於淝水東岸，與秦軍
隔水相望。十一月二日，謝玄派人前往符堅營中，要求秦兵
稍稍向後轉移，使晉兵渡河決戰。符堅與符融打算趁晉兵渡
河之機，突然以鐵騎出擊以打跨晉軍，便同意謝玄建議。但
由漢人及各族被奴役者組成的秦軍不願再戰，聽到命令後，
一退不可收拾。這時朱序乘機在陣後大喊：「秦兵敗了！秦
兵敗了！」秦軍陣勢大亂，晉兵乘勢渡河猛攻。符融欲阻止
秦軍退去，卻於亂軍之中落馬被斬。秦軍群龍無首，潰不
成軍，謝玄乘勝追擊，直殺至壽陽城西三十里處。秦軍潰逃
時，聽到風聲鶴唳，以為是東晉追兵，自相踐踏而死者無
數。符堅身中流矢，單騎北逃。

　　風聲鶴唳的典故便出於此，《晉書‧謝玄傳》：「堅眾奔
潰，餘眾棄甲宵遁，聞風聲鶴唳，皆以為王師已至，草行露
宿，重以飢凍，死者十七八。」

　　淝水之戰是南北分裂以來規模最大的一次決戰。這時，
東晉存在著北伐的有利時機。宰相謝安本也有北伐願望，但
怕功高招嫉，遲遲不敢出兵，坐失良機。此後，南北雙方再
無誰能統一。

　　淝水之戰後，苻堅的控制能力下降，前秦的各部族紛紛擁兵自重。西元 384 年，慕容垂建立後燕，姚萇建立後秦。苻堅領兵平叛，反被姚萇擒殺。此後，曾被前秦統一的北方重又分裂，形成北方十國。

劉裕

　　「生子當如劉寄奴」，劉裕在兩晉南北朝時期算是一個比較聖明的君主。劉裕出生寒門，憑藉著軍功一步步爬到皇帝的位置，這在以士族為統治基礎的南朝皇帝中是唯一的一個。劉裕當大將的時候治軍嚴明，深得將士們的愛戴，即位後又提倡儉樸，改變了自西晉以來的奢靡之風，可謂功勞大大的。

　　劉裕，字德輿，小名寄奴，劉裕早年喪父，家境貧寒。年輕時的劉裕，曾揮汗躬耕於田野，上山砍柴，下澤捕魚，備嘗生活之艱辛。

　　如果沒有西元 402 年所發生的一次動亂，也許劉裕將會扛一輩子的鋤頭，但機會確實擺在他面前了。這年，桓玄叛亂，東晉朝廷派司馬元顯和劉牢之率軍討伐桓玄。但由於司馬元顯怯戰、劉牢之被收買，桓玄揮師進入建康，從此總攬朝政大權，成了東晉的主宰，劉牢之也隨之被殺。

　　劉牢之死後，桓玄又先後殺害北府將領高素、竺謙之、

竺郎之、劉襲、劉秀武、孫無終等人。這時的劉裕在北府軍中的資格還不算老，桓玄不但沒有殺他，反而起用了他。劉裕後因擊破盧循之功，又加官彭城內史，深得桓氏倚重。他不露聲色，表面上對桓氏忠心耿耿，暗地裡卻加緊活動，團結了一大批北府軍中下級軍官，時刻準備舉旗倒桓。

西元 403 年，桓玄正式即皇帝位。劉裕遂於次年與何無忌、檀憑之等人在京口起兵。桓玄聞知劉裕等舉兵反，非常害怕。有人很不理解，問他說：「劉裕等人乃烏合之眾，勢力微弱，必然不會成功，陛下為何如此憂慮？」桓玄搖搖頭，嘆道：「劉裕足為一世之雄，劉毅家無斗糧之儲，而郁蒲卻一擲百萬，何無忌酷似其舅，這些人共舉大事，怎敢說他不會成功。」

劉裕率軍擊敗桓玄手下的驍將吳甫之，並將吳甫之斬殺。隨後乘勝進擊，遇到了右衛將軍皇甫敷的阻擊。檀憑之戰敗陣亡，只剩劉裕孤軍作戰，被敵兵層層包圍，被皇甫敷差點殺死。正在危急時刻，劉裕的援軍趕到，將皇甫敷殺死，劉裕方才得救。桓玄聽到兩將戰死的消息後大驚，一面繼續派將出戰，一面悄悄預備舟船，準備形勢緊急就溜之大吉。

劉裕率軍又擊敗桓謙部隊，嚇得桓玄率親信數千人，詐稱出戰，坐船逃走。劉裕遂進入建康城，派劉毅、何無忌追擊桓玄，自己坐鎮京師。

　　劉裕進入建康後，經過一番整頓，使建康民心安定下來。之後，桓玄被劉裕追兵殺死，桓氏之亂遂平。西元 405 年，劉裕將白痴皇帝司馬德宗迎回建康，重登皇帝寶座。西元 408 年，由於朝臣擁護，劉裕入京輔政，掌握朝廷大權。

　　西元 409 年，劉裕率軍北伐南燕，很快將南燕消滅，生擒南燕國君慕容超，送至建康斬首。這次北伐南燕的勝利，收復了青、兗廣大地區，朝廷內外無不讚頌劉裕的功德。劉裕的功業，此時已經超過祖逖、桓溫，他的聲望一下子大大提高，朝中再也無人能與他相抗衡了。

　　這時，劉裕與劉毅產生矛盾，發生戰爭，隨後劉裕在桑蒲州擊敗劉毅，又乘勢將起兵叛亂的盧循、徐道復消滅。劉裕的威望進一步提高，遂有代晉自立之心。這時，在桑落州遭慘敗的劉毅見劉裕得勝而歸，威望大增，自己卻毫無建樹，便增添了怨恨之情。於是起兵，反對劉裕。劉裕立即派手下的兩員得力戰將王鎮惡、蒯恩為前鋒，討伐劉毅。王鎮惡與蒯恩很快擊敗劉毅，逼得劉毅兵敗自殺。

　　劉裕又親率大軍，先後剿滅諸葛長民、司馬休之、魯宗之、譙縱等江南的割據勢力，平定江南。

　　隨後，劉裕開始實踐他收復中原的抱負。西元 416 年，劉裕親率大軍北伐後秦。

　　北伐大軍分四路挺進，一路由王鎮惡、檀道濟率領步兵

自淮、泗進取許昌、洛陽一路由沈林子、高遵考率領水軍，與王鎮惡等配合，由漢水經滎陽石門入河一路由沈田子、傅弘之率領，逕取武關一路由王仲德率領水軍，由桓公瀆自淮入泗，自泗入清、濟，自清入河。劉裕自己率領主力，也走王仲德這條路線。

西元 417 年，劉裕率主力先下洛陽，又抵潼關，破魏敗秦，直逼長安。劉裕率主力到了潼關，命王鎮惡攻打長安。王鎮惡使出破釜沉舟之計，率軍來到渭橋，令將士吃飽之後，便棄船登岸。王鎮惡激勵將士道：「諸位家都在江南，這裡是長安城北門外，離家萬里，而船隻衣糧全已隨流而去，豈有求生之計！唯有死戰，可以立大功，不然，誰也別想活著回去！」眾人聽後，莫不踴躍爭先，很快攻陷長安，姚泓率妻子、群臣出降。後被送至建康斬首。後秦遂亡。

這時，從京城傳來劉穆之病亡的消息，劉穆之死後，京師空虛，有大權旁落的危險，再加上將士久役思歸，所以劉裕決意東歸。

這次北伐後，劉裕威望大增，人心莫不歸附。劉裕便加緊了篡位自立的步伐。因為有讖語說：「『昌明』之後尚有二帝」，所以他想在司馬德宗之後再立一帝，以應「二帝」之語。隨後，劉裕便指使親信害死白痴皇帝司馬德宗，立司馬德文為帝。

這時讖語已經應驗，劉裕便迫不及待地想當皇帝了。

西元 420 年，文武百官得到劉裕的授意，紛紛上表要求皇帝司馬德文禪位，司馬德文被逼無奈，只得宣布禪位，劉裕隨後登基稱帝，建立劉宋。即位後，劉裕下令赦免因逃避兵役、租稅而流亡者；在限期內還家者，可以減租布二年；人民拖欠政府的諸種債務，不再收取，這些措施，得到人民的歡迎。

西元 422 年，剛當了兩年皇帝的劉裕病重，便將太子劉義符叫到跟前，囑咐說：「檀道濟雖有謀略，但無遠志，徐羨之、傅亮二人忠心耿耿，不會叛逆。只有謝晦一人，他經常隨我北伐，有謀略而又有心機，你即位後，一定要堤防此人。」然後又將下詔說：「如果大宋日後有小皇帝登基，那麼朝政都要委託給宰相，皇太后不得臨朝。」劉裕又任命徐羨之、傅亮、謝晦、檀道濟為顧命大臣，鋪佐幼主。把後事的安排妥當之後，劉裕終於閉上眼睛，駕鶴西去。

蕭道成

由於宋武帝劉裕的繼母為蕭氏，故蕭道成父親得以在劉宋為官，且因軍功屢遷。蕭道成也由此走上了通往帝位的坎坷之路。

西元 465 年，南朝宋明帝在前廢帝劉子業被殺後即位，

統治集團內部立即爆發了一場大混戰，一方是以晉安王劉子勛為首的孝武帝系諸王，另一方是以明帝為首的文帝系諸王。四方州郡大多舉兵應晉安王劉子勛，明帝勢單力薄，形勢危急。

此時的蕭道成步步高陞，到明帝初年，已官至右軍將軍。經過多年征戰的鍛鍊，他不僅具備了豐富的作戰經驗和指揮才能，而且成為了一名目光遠大的謀略家。在宋皇室內部爆發的這場大規模混戰中，他審時度勢，堅定地站在明帝一邊，被授以輔國將軍，前去討伐叛軍。明帝平定四方之亂後，蕭道成與其他忠於明帝的將領迅速崛起，成為國家的重臣藩將。

在明帝末年針對權臣的大屠殺中，蕭道成都機智的避開了殺身之禍，最後還被明帝命為託孤大臣。

西元 474 年，江州刺史、桂陽王劉休範起兵，直逼京師。蕭道成見朝中大臣無人敢應戰，認為這是一個謀權並樹立威信的好機會，於是自告奮勇，請命出戰，率軍經幾次大戰，終於平息叛亂。此後，蕭道成名聲鵲起，與袁粲、褚淵、劉秉一起，輪流入值決事，被稱為「四貴」。從此，蕭道成逐漸掌握了朝政。

劉昱凶狠殘暴，以殺人為樂，朝廷內外人不自保。蕭道成因功高權重而遭其嫉恨，幾次險遭殺害，故深為憂慮，遂

起廢立之心。那些不滿劉昱的人紛紛投靠蕭道成。

西元 477 年農曆七月七日晚，劉昱被殺後，王敬則立即跑到蕭道成的府上，大喊「開門」，並向蕭道成報告說劉昱已被左右殺死，速請蕭道成入宮主事。蕭道成聽後仍不敢開門，害怕是劉昱設計騙他。王敬則急了，隔牆把劉昱的人頭扔進去，蕭道成這才換上戎裝，騎馬直奔皇宮。

天一亮，蕭道成以太后令召袁粲、褚淵、劉秉入宮商量大事。用武力逼迫 3 人不再管理朝政，於是蕭道成盡掌劉宋朝政大權。此時，蕭道成已有代宋自立的野心，他開始為篡位事宜進行準備。他首先要做的，就是鎮壓荊州刺史沈攸之和袁粲等人的起兵反對，清除所有反對勢力。平定沈攸之叛亂後，蕭道成又將黃回殺死。從此以後，蕭道成的主要反對派就全部被消滅了。

蕭道成要代宋稱帝，就需大量網羅有識之士和在社會上有重大影響的時賢參贊大業。蕭道成首先重用的就是出身琅邪王氏的王儉、王僧虔、王延之等人。除琅邪王氏外，蕭道成還很看重在江南有舉足輕重影響的另一支世族高門謝氏。

蕭道成還利用一切手段爭取褚淵的支持。一次，他到褚府造訪，說了一大套閒話後才道：「我做了一夢，夢到我應得官。」褚淵答：「蕭公剛加太尉、都督，恐怕一二年間不容移官，況且吉夢也未必應在旦夕。」見褚淵不答應，蕭道成無

奈而歸。後來，親信們摸準褚的脾氣施壓，褚才不敢反對。

西元 479 年，蕭道成終於代宋稱帝，建立南齊。

蕭道成即位後，頗為躊躇滿志。為了穩固基業，蕭道成廣開言路，要群臣議政，大臣們有的建議廢除宋時苛政細制，有的建議停止討伐交州，有的建議減免宋時的苛捐雜稅，限制貴族富民封略山湖侵漁百姓等等，百官熱烈上言，蕭道成皆加以褒賞，並根據百官的建議一一加以解決。

針對宋奢侈浪費之風，蕭道成特別強調節儉。一次，他發現主衣庫中有玉導，很不高興，馬上命人擊碎。又命人翻檢有何異物，凡認為能助長豪華奢侈風氣的，全部銷毀。

西元 482 年，這位一生叱吒風雲的南齊開國皇帝逝世，終年五十六歲。

魏孝文帝

魏孝文帝姓拓跋（後改姓元），名宏，生於獻文帝皇興元年（467），卒於太和二十三年（499），因死後諡號為「孝文皇帝」，廟號「高祖」，故史書上通常稱之為「孝文帝」或「高祖」。

孝文帝三歲時即被立為皇太子，五歲時，父親獻文帝讓出皇位，自居太上皇。十歲時，太上皇去世，國家大事由祖母馮太后以太皇太后的身分裁決。馮太后是一位頗有作為的

女人，孝文帝初期的一些改革活動，如班祿制、均田制、三長制的實行，均與她的支持和幫助密不可分。

太和十四年（490）九月，馮太后去世，二十四歲的拓跋宏於第二年親攬朝政，獨立自主地處理所有國家大事。他掌權之後，立即著手遷都洛陽。

北魏自建國以來，就定都於平城（今山西大同），經過近百年時間，形勢發生了很大的變化。經濟上，由於鮮卑族原來一直過著游牧生活，靠掠奪為生定居以後，儘管統治者也採取一些鼓勵耕種的政策，但終因平城地處邊塞，氣候寒冷，變化無常，農業生產條件較差。隨著人口日益增加，糧食供應時常發生困難。軍事上，由於北方少數民族柔然的勢力日漸強盛，平城常受到其威脅和騷擾，極不安全，對於經略力量較弱的南朝，又覺得過於遙遠，鞭長莫及。政治上，為了鞏固統治，他們需要進一步消除已經縮小了的民族界限，實行漢化政策，但舊都平城，保守勢力頑固，推行漢化政策的阻力很大。所以，為了把改革事業深入下去，必須遷都中原。

但是，魏孝文帝知道，遷都是一件大事，必然會遇到守舊大臣的反對。於是他把文武大臣召集起來，假稱要調兵遣將攻打南齊。太和十七年（493），魏孝文帝親率三十萬大軍，進駐洛陽。此時，正值深秋季節，陰雨連綿，道路泥

潯，士卒十分勞累，隨行大臣也叫苦不迭。孝文帝戎服執鞭，御馬而出，下令軍士繼續前進。群臣跪在馬前，苦諫不可南伐，孝文帝說：「討伐南齊的大計早已確定，現在大軍就要揮師南進，你們還想幹什麼？」群臣依舊苦諫，孝文帝又說：「現在興師動眾，非同小可。如果不能成功，如何向後人交待？不南討，便遷都。列卿們贊成嗎？贊成的站在左邊，不贊成的站在右邊。」群臣雖然不願遷都，但更不願攻打南齊，因而不約而同地都站到左邊去了。這樣，遷都之事便定了下來。接著，孝文帝一面派大臣李沖等人營建洛陽，一面派拓跋澄回平城，向留守的貴族傳達遷都的決定。第二年，北魏的都城正式遷到洛陽。

此外，孝文帝還採取了其他一些措施，如禁鮮卑服，禁鮮卑語，建立門閥制度。

魏孝文帝所採取的這些改革措施，在推行中遇到很大的阻力。太和二十年（496），孝文帝到嵩山巡視，太子拓跋恂因不習慣洛陽的炎熱氣候和寬大的漢服，趁此機會率領親信準備逃回平城。孝文帝獲悉之後，立即將太子囚禁起來，對群臣說：「大義滅親，古人所貴。太子恂違背父命，叛逃北方，這樣大的罪惡，如不除去，就會造成國家的禍害！」於是廢掉太子，後來又派人用藥酒將其毒死。

孝文帝比較關心老百姓的生活疾苦，他經常到民間進行

調查和訪問，尊重老人，有時還賞賜給他們食物和錢財。對因窮困而娶不起妻子的人，就將宮女賞給他們做妻子。一旦出現災荒，他一面反省自己治國的過失，一面下令開倉賑災，有一次一下就救濟災民七十多萬。在行軍打仗的途中，他能與士兵同甘共苦，對生病的士兵問寒問暖甚至在下雨的時候，去掉自己遮雨用的蓋布，跟士兵們一起淋著雨前進。

在生活上，孝文帝對自己的要求比較嚴格，他常穿粗布衣服，騎沒有鞍子的馬。有一次，有人溜鬚拍馬，建議他修復景陽山，他說，過去魏明帝就是因為奢侈而失敗的，這個教訓我要永遠記住，絕不能奢侈腐化。他還告誡自己的親屬不要仗勢欺人、驕橫無理，不要奢侈腐化，更不要過多飲酒。由此可見孝文帝比較注意約束權貴。

孝文帝志向遠大，自親政以來，念念不忘進軍南齊，統一全國。為了實現這一理想，他三次親自率兵攻打南齊，然而，由於南伐的時機尚未成熟，帶兵將領無能，再加上孝文帝的指揮不當，三次南伐並未取得什麼顯著成果，反而造成北魏政權內部矛盾重重，影響了國家實力。太和二十三年（西元 499 年）四月，孝文帝病逝於南伐途中，年僅三十三歲。

孝文帝的改革，促進了以鮮卑族為中心的北方各族的封建化和以漢族為主體的民族大融合，對中國多民族統一國家

的形成和發展作出了積極有益的貢獻。因此，拓跋宏不愧為
鮮卑族傑出的改革家。

三、魏晉南北朝帝王

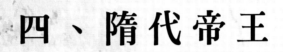

四、隋代帝王

四、隋代帝王

楊堅

　　楊堅（西元 540 年～ 604 年），即隋文帝。西元 581 年～西元 604 年在位。弘農華陰（今屬陝西）人。北周時襲父爵為隋國公，女為宣帝皇后。靜帝年幼即位，他任丞相，總攬朝政，封隋王。大定元年廢靜帝自立，建立隋朝，開皇七年滅後梁，九年滅陳，結束南北朝分立局面，統一全國。仁壽四年被太子廣（煬帝）殺死。楊堅少時體貌奇特，目露精光，性情矜持而又深沉嚴肅。他十五歲時，因父功授散騎常侍、車騎將軍、儀同三司，封成紀縣公。周武帝即位後，又進位大將軍，襲爵隋國公，長女又被聘為太子之妃，其時楊堅年僅三十三歲。其實，此前他早已是皇親國戚了。他的妻子獨孤氏之姐是周明帝之後，而明帝是武帝之弟，因此楊堅進入壯年雖寸功未立，卻憑藉深厚的家族根基和關隴集團中穩固的政治聯姻，成為北周上層統治集團的一名重臣。當時朝中有許多人以楊堅相貌奇特、恐有反相為辭，請周武帝早除後患。楊堅聞知後頗為恐懼，每每小心謹慎，不敢有半點疏忽。

　　周武帝雄才大略，頗有作為。親掌國柄後，屢興伐齊之師。楊堅從駕征討，始建軍功，歷官定州、亳州總管，攻滅北齊後，進位柱國。

　　周武帝壯年病卒，太子即位，是為宣帝。周宣帝荒淫無

道,朝野震怖。他在即位一年後,突然荒唐地禪位給只有幾歲的兒子,自己仍然親掌朝政,自號天元皇帝。其時楊堅特別注意禮賢下士,位望甚隆,引起主上的猜忌。天元帝曾怒氣衝衝地對楊後說:「我一定要族滅你們全家!」一次,他果然召見楊堅,先命左右侍衛說:「如果見到隋國公面有怒色,你們就給我推出去斬了。」不料楊堅進見時,任由君王百般指責,仍神色自若,恭敬以對,皇帝竟然抓不到半點把柄,只得作罷。周武帝本來對楊堅深懷猜忌,指望兒孫能有出息,控制朝政,以防楊堅篡權,無奈生兒不肖,無力遏制楊堅實力的膨脹。

大象元年(580)5月,年方二十二歲的周宜帝突然暴卒。楊堅傾心交結的心腹、把持朝廷機要的大臣鄭譯、劉明矯改詔令,使楊堅以國丈之親,入朝攝政。楊堅輕鬆地掌握了北周軍政大權。

楊堅擅權,引起北周諸王和諸將的普遍不滿,楊堅分別加以處置。他逐一平定叛亂,放手誅殺北周宗室,排斥異己。

西元581年二月,楊堅迫使周靜帝退位,自立為帝,改國號為隋,年號開皇,建都長安,史稱隋文帝。

隋文帝即位伊始,便開始著手進行政權機構的改革。以加強中央集權。開皇元年二月,他採納大臣崔仲方的建議,

四、隋代帝王

廢除北週六官制度，在漢、魏、北齊官制的基礎上，設立內史、門下、尚書三省，作為最高政務機構，分別負責決策、審議和執行。尚書省長官為尚書令，副長官為左右僕射，與內史省長官內史令、門下省長官納言同為宰相，三省相互牽制，共同參議國家大政。尚書省下轄吏、禮、兵、刑、民、工六曹，處理日常軍政庶務。隋文帝還著手改革地方機構，廢除了南北朝以來的州郡縣三級體制，實行州縣兩級體制，撤除了不少冗贅州縣，從而節省了政府開支，提高了行政效率。此後又規定六品以下官員也由吏部選授，地方官吏不得自辟僚佐，從而使中央對地方的控制能力得到極大加強。

下一步，隋文帝開始大力整頓史治，由史部每年定期考核地方官吏的政績。州縣佐官三年一換，不得再任。地方官全部選用外地人，嚴防各地豪強勢力為惡。隋文帝還經常對表現良好的地方官史實行獎勵，對於貪官汙吏，則嚴懲不貸。他多次下詔選求賢良，選拔門第寒微卻有才能的士人充任高官，因此，隋初謀臣良將眾多，各種人才齊聚，極大地提高了王朝的統治效能。

隋文帝極為重視法制的完善，開皇元年，他命人蔘考魏晉舊律，制定刑律頒行，成為對後世法律影響深遠的《開皇律》。開皇三年又命蘇威、牛弘等人修訂新律，體現出「以輕代重，以死為生」的精神。

為發展生產、增加國力，隋文帝在經濟方面採取了許多有益的變革。開皇二年，他頒布了關於均田和租調的新令，減輕了百姓的負擔，使農民有更多的時間從事農業生產。為解決漢末以來豪強庇民戶為私屬、侵奪朝廷戶口的積弊，隋文帝實行「大索貌閱」利「輸籍之法」，從而檢括出大量隱漏戶口，擴大了政府的收入來源。

隋文帝十分重視水利的興修和倉廩的建置，以發展農業生產和交通運輸，並備災年賑濟之用，成為保障社會生產的有力措施。對於強悍的突厥騎兵的侵擾，隋文帝採取適時出擊、適可而止的積極防禦策略，並用遠交近攻、離強合弱的計策，迫使突厥請和歸降，穩定了北方邊庭。開皇前期的一系列政治、經濟和軍事措施取得了顯著成效，為南下平陳、統一全國準備了條件。

開皇九年，隋文帝以晉王楊廣為元帥，節制五十餘萬大軍，分八道出擊，僅用數日時間，就以迅雷不及掩耳之勢攻滅陳朝，從而結束了近三百年的兩北分裂局面，創立了統一大下的大業。

開皇十年隋文帝又著手改革府兵制度，既把府兵制與均田制緊密結合起來，更加「兵農合一」化，又可防止府兵將領擁兵跋扈，從而適應了民族融合、國家統一和社會生產發展的要求。

四、隋代帝王

　　隋文帝統治後期，社會繁榮，國力富足，武功強盛。受禪之初，全國民戶不滿四百萬，到仁壽末年國家編戶已超過八百九十萬。西京太倉、東京含嘉倉、洛口倉儲積有餘，天下糧倉皆充盈，隋王朝達到了中古時代罕見的鼎盛時期，被稱為「開皇之治」。

　　隋文帝素無學術，卻十分重視孝道，提倡以孝治天下，甚至大臣諸王獲罪都要被賜以《孝經》，令其反省。他受到法家思想的深刻影響，不滿足於因襲前人成規，實行了重賞重罰的原則，再利用儒家倫理道德觀念與法家治世之道相結合、推進王朝的集權化和合理化方面，做出了艱苦的努力。

　　作為一國之君，必須具備駕御群臣、運轉王朝統治機器的特殊才能。隋文帝為人嚴厲峻刻，令人生畏，有一套駕御群臣的獨特的「帝王之術」。他的冷漠使他對屬下的判斷更為準確、切實，也使他在心理上形成了頑強的自我調節和保護機制，在多數情況下不為感情所左右。對阿諛反覆之臣，他能迅速疏遠並羅織種種罪名予以貶斥，甚至殺戮。對才幹出眾、竭誠盡節的大臣，他不僅付以宰輔大任，而且時時為他抵擋政敵的誹謗和攻擊。對「有才無德」之臣，他既委以重任，使其充分發揮才能，又不失時機地時時小加勸誡和訓斥，牢牢抓住他的辮子。對於能征慣戰，又驕縱自負的武將，他在用人之際能夠極盡褒獎賞遇之能事，在事成之後又

能夠不動聲色地予以處置。因此，後人稱隋文帝以辣手治國。

隋文帝事必躬親，經常參與各級官屬的事務，不辭勞苦，因而群臣害怕獲罪，任何事情都不敢自作主張，只等待聖上的旨意。作為一國之君，他失誤就在於他過分注重細枝末節，卻沒有給子孫留下一個可供遵循的治世之法。

隋文帝積財的本領非同小可，隋王朝在短短幾十年裡，累積了驚人的財富，文帝晚年時，計天下之儲積，可供五六十年之用，中央的太倉已經爆滿，各地的義倉也難於承受，但隋文帝卻如同一位吝嗇的守財奴，一味大量屯積財富，卻不知如何使用。開皇十四年天下大旱，文帝卻不許各地賑濟，強令百姓就食山東，就這樣，糧食在倉庫裡腐爛、變質，錢幣在倉庫裡斷裂、生鏽，造成社會財富巨大浪費。

隋文帝崇尚節儉，歷來為封建史家所津津樂道，他生性儉嗇，幾乎到了病態的程度，這對扭轉南北朝以來奢侈浮靡的社會風尚確有裨益。但在他生活的另一方面，卻有著十分不協調的傾向。開皇十三年文帝命楊素監造仁壽宮，歷時兩年有餘，宮殿宏偉壯麗。在執政過程中，為籠絡文武大臣，賞錢動輒百萬，慷慨無比。這樣看來，文帝的「節儉」則難免有驕矜作態之嫌。

隋朝的法律以寬簡著稱，但文帝卻時時難以抑制自己的狂怒，律外施法，隨意殺人，濫用酷刑。文帝生性殘忍刻

忌，又好親自審理刑獄，自以為明察秋毫，發現官吏稍有寬縱，不但重加刑罪，而且追究原審官吏。因此，執法者寧願枉成其罪也不敢稍有寬緩，反多致人於罪。文帝還每每在朝廷之上杖責大臣，行杖官有時下手不重，就將行杖官推出斬首。楚州參軍李君才奏事，忤旨，他怒欲施刑，殿內無杖，竟改用馬鞭，把李君才一頓鞭打致死。

隋文帝的早年經歷，使他時時具有危機感和不安全感，他以篡逆得手，反過來又要提防別人的篡逆，生怕江山被人輕易奪走。到晚年，元勳大臣多遭殺戮、貶逐，罕有倖存者。他最終寵信的，唯有楊素、楊約兄弟以及楊廣這個奸詐狡猾的兒子。

隋文帝在家庭生活中是一個十足的孤家寡人。他有五子一女，均為皇后獨孤氏所生。即位之初，立世子楊勇為太子，封次子楊廣為晉王，三子楊俊為秦王，四子楊秀為蜀王，幼子楊諒為漢王。女兒北周時嫁給周宣帝為后，隋文帝曾十分自得地對群臣說：「前世帝王，多沉溺於嬖倖，由此生出廢立事端。朕旁無姬妾侍側，五子同母，可謂真兄弟，絕不可能像前代那樣諸多內寵，嫡子憤爭，導入亡國之途。」但事實恰恰相反。

隋文帝之妻獨孤氏（獨孤伽羅），是北周大司馬獨孤信之女，有著較高的文化素養和參與現實政治的強烈欲望。開

皇之初，曾向文帝提出過許多有益時政的忠告，在朝臣中享有較好的聲譽，與文帝並稱「二聖」。但在私人生活方面，獨孤氏生性奇妒，文帝對她既倚重又畏懼。一次，竟氣得文帝單騎衝出御苑，依山狂奔二十餘里，仰天長嘆道：「吾貴為天子，不得自由。」

首先和隋文帝反目的，是他的女兒楊麗華。文帝登基後，為穩固皇位，殘忍屠殺宇文氏王公，使生性素來柔婉的楊麗華憤怨不平。

太子楊勇少好學，性寬和，通詞賦，有治國之才，但率真而不善掩飾，又多有內寵，因而引起文帝夫婦的不快。獨孤后、楊素、楊約在文帝面前屢進讒言，使文帝感到太子有奪位之謀，遂廢楊勇為庶人。至文帝臨終醒悟，召楊勇入見，為時已晚。文帝死後不久，楊勇便被楊廣派人殺死。

晉王楊廣較兄楊勇年小兩歲，卻比兄長成熟老練得多，為文帝夫婦所重，曾被委以平陳元帥的大任。他素知父親崇尚節儉，母親討厭內寵，就極力偽飾，以博取聲名。他外結宰相楊素，內倚母后獨孤氏，終於使文帝廢楊勇立己為太子，實現了奪位的野心。

秦王楊俊，曾為山南道行軍元帥，參與平陳之役，後任并州（今山西太原）總管。楊俊有巧思，常親運斤斧，製造工巧之器。文帝聞之，視為奢靡，被免官召回京師。秦王病

重，他派使臣前去責備說：「我戮力關塞，開創大業，作訓垂範。你身為吾子，卻要敗毀它。真不知該怎樣處罰你。」使楊俊鬱鬱而亡。

蜀王楊秀，有膽氣，多武藝，任益州（今四川成都）總管。楊廣令楊素在文帝面前進讒說蜀王壞話。結果楊秀被廢為庶人，禁錮終生。

漢王楊諒，在開皇末年出任并州總管，自蜀王被廢後每每不能自安，在文帝死後起兵反抗煬帝，被楊素擊敗，囚禁至死。

在文帝最後的幾年裡，他周圍所有的人，包括他的兒子，都成為他潛在的敵人。他和獨孤氏一起，一步步尋找理由，把他們或殺或貶，或做出其他安排，最後只剩下他們所寵愛的楊廣，即後來的隋煬帝。

西元 2 年（602）八月，獨孤氏病死，太子楊廣在文帝和宮人面前裝得悲痛欲絕。回到私室後，他竟談笑自若。本應食齋盡哀，他卻偷偷令人以竹筒盛魚肉以進，楊廣的原形開始暴露了。

仁壽四年（604）七月，隋文帝病情加重，大臣楊素、柳述入侍，太子楊廣入居大室殿，楊廣與楊素密謀奪位，私下交法，其密札被官人鬼使神差地誤送到文帝面前，文帝此時才如夢方醒，擊床大呼：「畜牲何足付大事，獨孤氏誤我！」

即刻召楊勇進見。楊廣與楊素搶先下手，調東宮衛士代替御林宿衛，並控制宮門，命心腹大臣張衡入寢殿侍疾，並把後宮宮人全部趕到別室。頃刻之間，文帝駕崩，一時間，朝野上下議論紛紛，文帝被殺的真相，遂成為千古之謎。那一年，文帝六十四歲。作為隋王朝的創始人，隋文帝楊堅結束了中原三百餘年的分裂和戰爭局面，推行開明的政治舉措，使中國進入了繁榮富強的階段。但由於他晚年的昏聵，喪失了甄別忠奸的深遠目光，落得個被寵信的兒子楊廣及寵臣楊素謀殺的下場，可悲而可嘆。但縱觀他的一生，功績是主要的，錯誤居次之。

楊廣

楊廣在年少時，憑藉其優秀的軍事才能，為父親楊堅的統一大業立下了赫赫戰功。其父楊堅也對這個兒子非常器重，在西元 588 年隋朝大舉攻陳的時候，便以楊廣為最高統帥。不過滅陳的功勞應該算在實際指揮部署的高穎、親率三軍攻破陳都建康的賀若弼、韓擒虎以及沿江東下、掃除殘餘勢力的大將楊素等人的身上，作為最高統帥的楊廣不過是坐享其成。但楊廣進入建康後，將圍繞在陳後主身邊的佞臣全部殺掉，以謝三吳人民，又命收圖籍、封府庫，還是表現出楊廣軍事統帥的風度和才幹。

四、隋代帝王

　　楊廣雖然功勛卓著，但還是不能成為父親百年後的皇位繼承人，此時的皇太子是楊廣的哥哥楊勇。隋文帝楊堅共有五個兒子，長子楊勇，次子楊廣，三子楊俊，四子楊秀，五子楊諒。早在楊堅稱帝之初，就把長子楊勇立為皇太子。隨著政治資本的增加，楊廣越來越想當這個皇位繼承人。但如果要奪得太子的地位，首先要除去的就是太子楊勇這個絆腳石。但楊廣也非常明白，要除去楊勇，只可以智取，而不可以明爭。於是，楊廣便利用楊勇與父親楊堅和母親獨孤氏之間的矛盾，精心策劃了一場奪取太子地位的陰謀。

　　西元 598 年的冬至，楊堅和幾名妃子住在京城西北一百多里的仁壽宮，楊勇留在京城。朝廷百官都到東宮朝見楊勇，這楊勇也是個大大咧咧的人物，居然也大張旗鼓地接受朝賀。楊堅當然不能容忍，生怕大臣們和太子關係過密，影響自己的皇權，這又觸犯了他的忌諱，專門為此下詔，嚴禁以後再有此類事情發生。於是父子之間漸生猜忌。廢除楊勇的意圖此時已正式形成。西元 600 年，楊堅正式廢楊勇為平民，並殺掉和罷免一大批圍在太子楊勇身邊的大臣，徹底消滅太子黨。

　　楊廣終於如願以償，被立為皇太子，取得了皇位的繼承權。楊廣坐上太子的寶座後，又將另一個皇子楊秀廢為庶人。

　　西元 604 年，楊堅一病不起，此時楊廣終於露出他的本來面目。此時的宮中，早已被楊廣所控制，他將楊堅身邊的衛士通通撤換，然後派自己的心腹將楊堅的兩腿撕裂，活活肢解了楊堅。然後，楊堅又殺掉楊勇和其他兄弟，終於登上了皇帝的寶座，是為煬帝。

　　隋煬帝即位後，還作了一些改革制度、輕徭薄賦、收攬民心的工作。曾下詔免除婦人和奴婢、部曲的課役，男子成丁的時間由二十一歲改為二十二歲，以縮短服役時間。這是自北魏實行均田制以來的重大改變。北魏婦人授田服役的制度到此即行中止了。此外，楊廣在政績上最大的幾個功勞就是並省州縣，改州、縣為郡縣；創立進士科，確立科舉制；修訂法律《大業律》，興建學校，搜訪遺書，整理典籍，恢復了文帝時一度取消的國子監、太學、四門學和州縣學。另外，隋煬帝還曾下令編寫《長洲玉鏡》四百卷和《區宇圖志》一千二百卷。煬帝的這些整理、保存典籍的措施和古書分類的方法，對中國文化是有貢獻的。

　　同時，楊廣為了鞏固統治，大興土木，建造了一系列的浩大工程。首先便是有名的京杭大運河。

　　西元 605 年，隋煬帝徵調民夫開鑿通濟渠、永濟渠等京杭大運河上的河段，用六年的時間將以洛陽為中心，北起琢郡，南到餘杭，全長五千多公里的大運河完成。

四、隋代帝王

即位後的楊廣終於原形畢露，他本來就是個好色之徒，即位後，楊廣的後宮中充斥大量的美女，但楊廣還嫌不夠，又下令各地每年挑選資質端麗的童女送入宮中，而且在巡遊途中還不斷搜尋美女，以便尋歡作樂。

楊廣生性好動，從即位之初，就不斷巡遊天下，先後三游江都，北巡榆林、長城，西出長城巡行到塞外、張掖，接見許多西域的使者，然後三次親征高麗。楊廣在位的十幾年時間裡，幾乎是馬不停蹄地到處巡遊，而待在京城的時間還不足一年。

為了討好楊廣，地方官只得拚命搜刮民財，以滿足楊廣的耗費，使得自己有機會升遷。而飢餓的百姓只有剝樹皮，採樹葉，挖野草，煮土而食，甚至是人自相食。楊廣的游幸，給人民帶來了深重的災難和負擔。

西元 605 年，北方的契丹族的一次來犯，激起了楊廣向四外擴張的信心。

西元 607 年，楊廣開始大規模地經營西域。西元 609 年，楊廣派兵擊敗西突厥處羅可汗，為經營西域除掉了一個障礙。西元 609 年，楊廣派兵擊敗吐谷渾，使得中原與西域之間的通商基本上暢通了。

在隋煬帝統治的十四年中，大興土木、百役繁興，而又四出經營，窮兵黷武，這些繁重的兵役、徭役不僅奪去了上

百萬人的生命，同時把社會經濟推向絕境。楊廣屢次出巡以及窮奢極欲的揮霍，使得內外虛竭，百姓困敝。人民無法生存，只有鋌而走險了。

西元 611 年，第一支隋末農民起義軍由王薄領導，在長白山（今山東章丘）首舉義旗，起義的口號就是反對遠征高麗。王薄為了召集百姓，還專門作《無向遼東浪死歌》來號召農民參加起義，逃避兵役徭役的農民紛紛參加進來，各地人民也紛紛響應。

這時，統治集團內部也發生分裂。西元 613 年，楊素的兒子楊玄感趁楊廣二征高麗之機發動叛亂。楊玄感的叛亂，在統治階級內部引起了強烈的震動，許多貴族官僚子弟和大臣將領紛紛前來投奔。後來煬帝雖鎮壓了叛亂，但統治集團內部從此開始瓦解。

在眾叛親離的形勢下，楊廣仍不以為然，他不但繼續發動對高麗的戰爭，又北巡太原、長城，結果被東突厥始畢可汗率騎兵數十萬將楊廣包圍在雁門，幸得士兵們堅守和各地援兵的到來，楊廣才得解圍。

楊廣回到東都後，為了避開農民起義的鋒芒，留下越王楊侗留守東都，南下江都躲避。在江都的一年多時間裡，農民起義軍聲勢更加浩大，許多地主階級分子也趁機起兵自立。太原留守李淵也趁機起兵，攻下長安，立楊廣的孫子楊

侑為傀儡皇帝，遙尊煬帝為太上皇。

大勢已去的隋煬帝也感到末日來臨了，只能與蕭后、嬪妃天天飲酒作樂，醉生夢死。他還對蕭后自我安慰說：「現在許多人都想推翻我，即便是我下臺了，我也能做個長城公，不過，外邊想殺我的大有人在。」有一天，他照著鏡子對蕭后說：「好頭頸，不知誰來砍掉它。」他自知自己早晚不會有好下場，常備毒藥帶在身邊，以求留個全屍。

西元 618 年農曆三月，楊廣的末日來臨了，宇文化及帶領侍衛發動兵變，將楊廣用襟帶勒死，終年 50 歲。

五、遼宋夏金元帝王

趙匡胤

　　趙匡胤，涿郡（今河北涿州）人，生於後唐天成二年，卒於宋開寶九年。他結束了五代以來長期分裂割據的混亂局面，重新統一全國，建立宋朝，史稱宋太祖。趙匡胤出身於官僚地主家庭，自幼便立下雄心壯志，企盼幹一番大事業。後漢初，他加入郭威的部隊，在擁立郭威代漢時，表現積極，逐漸得到郭威的賞識。周世宗柴榮在位期間，趙匡胤更受器重，到顯德六年柴榮病逝時，他已官居歸德軍節度使、檢校大尉、殿前都點檢，掌握後周的軍事大權。顯德七年元旦，趙匡胤指使人謊報契丹和北漢聯合入侵後周，於是趙匡胤奉命率兵北上，隊伍到達開封城東北二十公里的陳橋驛便駐紮下來。趙匡胤的弟弟趙匡義和大將趙普等人密謀，藉口「諸軍無主，願策太尉為天子」，並將一件黃色的龍袍披在趙匡胤的身上，擁戴他做了皇帝。

　　趙匡胤「黃袍加身」後，立即回師開封，要求軍隊不得剽劫百姓，將後周的小皇帝降為鄭王，太后易稱為周太后，並從皇宮遷出到西宮，同時對後周文武重臣一律採取優待措施。五代時，政權變動頻繁，對那些大臣們來說，大都經過幾個朝代，對於變換皇帝本無所謂，只要自己有官做，誰做皇帝還不一樣呢？因此，趙匡胤幾乎沒有遇到後周的抵抗，便順利地穩定了開封的局勢。因為趙匡胤所領歸德軍就在

宋州（今河南商丘），故將新政權的國號改稱「宋」，年號
「建隆」。

　　宋朝建立之後，原後周的親信勢力李筠、李重進等人曾
率兵反宋，但很快便被宋軍擊潰。後周殘餘勢力剷除之後，
宋太祖便考慮統一全國的問題，他制定出「先南後北」的策
略，於乾德元年開始，先後用武力消滅了荊南（即南平）、
湖南、後蜀、南漢和南唐等割據政權，基本上統一了南方。
與此同時，他還派兵進攻北漢，削弱了其政治、經濟、軍事
力量，為以後最終消滅北漢奠定了堅實的基礎。在統一全
國的戰爭中，趙匡胤非常重視政策和策略。每當調兵遣將之
前，他總是親自做出縝密規劃，向主將面授機宜，布置妥
當，由於他原是行武出身，作戰經驗極其豐富，他的這些指
揮大體上都是正確的。同時，他嚴禁軍隊屠殺無辜人民、掠
奪財產。攻下敵國領土之後，他立即下令廢除各種苛捐雜
稅，維護正常秩序。因此，他的統一戰爭得到當時人民的
支持。

　　為了確保全國的統一，防止分裂割據的再度發生，宋太
祖趙匡胤採取措施加強中央集權，他深知殿前都點檢這個職
務的危險性，為了不使「陳橋兵變」的事件重演，即位不
久，宋太祖便撤銷了這個職務，把禁軍殿前司和侍衛馬步軍
司分為殿前司、侍衛馬軍司和侍衛步軍司三司，三司將領選

五、遼宋夏金元帝王

用一些資歷較淺、容易駕馭的人來擔任，並且時常加以調動。這些將領雖然統領禁軍，但軍隊的調遣和移防等事卻得聽命於樞密院。同時，還實行「更戍法」，禁軍的駐屯地區，每隔幾年調動一次，而將領們卻不隨之調動，使得「兵無常帥，帥無常師」，防止軍隊變成將領私人武裝，從此結束了五代以來將領專橫跋扈的局面。

「杯酒釋兵權」。一次趙匡胤問趙普：「自從唐亡以來，幾十年間，帝王換了八姓，戰爭不止，生靈塗炭，是什麼緣故呢？我想替天下息兵，為國家作長久之計，應當怎辦？」趙普答道：「沒有別的，只是因為方鎮太重，君弱臣強罷了。要變也不難，只要稍奪他們的權力，管制他們的錢穀，收了他們的精兵，天下自然安定了。」此計立即為趙匡胤所採納。建隆二年秋，宋太祖預備下豐盛的酒餚，約請石守信等幾位將領赴宴，席間他對諸將說：「不是你們出力，我沒有今天。不過做天子也不容易，還不如節度使快樂，現在我沒有一夜睡安穩過。」諸將忙問原由，宋太祖說：「誰不想富貴呢？一旦有一天你們的部下把黃袍加在你們的身上，難道容許你們不做皇帝嗎？」諸將立即叩頭請計，宋太祖便乘機勸他們交出兵權，同時賜給他們良田美宅以安度餘生，這便是所謂「杯酒釋兵權」。此後，宋太祖又將那些足以威脅皇權存在的耆舊宿將們的兵權逐一收回，集中於皇帝。

收回地方權力。宋太祖於乾德元年開始，選派文官外出，代替軍人掌握州郡行政，稱為「權知軍州事」，簡稱為知州，三年為一任期，期滿另調他職。知州之外，另設通判（大郡設兩人），也由中央政府選派，他有權過問州中行政，直接對中央負責，又稱監州。州中命令，需知州和通判共同署名，否則無效。二者相互制約，誰也無法獨攬政權。乾德三年，宋太祖又在各道設置轉運使，掌管財政，同時監督地方官吏，從而將地方的財政權也收歸中央。

分割相權。宋初以同中書門下平章事為宰相，為了防止宰相權力過大，宋太祖特設參知政事作為副貳，又以樞密使分取宰相的軍政大權，以三司使分取宰相的財政大權，同時樞密使和三司使也設副使，以削弱正使的權力。這樣，原本事無不統的宰相，只剩下不大的行政權力，皇帝便可以總攬大權，操縱自如了。

宋太祖採取以上改革措施，在制度上防止了分裂割據的重演。

開寶九年，宋太祖臥病在床，他的弟弟趙光義前來探望，有人從窗外看見燭影下二人交手的動作，又聽到揮動斧頭的聲音。第二天早晨便宣布宋太祖已經去世，趙光義繼承兄位做皇帝，這便是歷史上所說的「燭影斧聲」。儘管「燭影斧聲」並不能完全證明是趙光義殺掉了他的哥哥，但是從

宋太祖當時年僅五十歲，無論從身體狀況上看，還是從醫療條件上看，宋太祖都還未到死亡之時，再加上宋太祖去世時，大兒子已經二十五歲，小兒子也已十七歲，都未能繼承皇位，幾年之後，他們紛紛被迫自殺，由此似乎也能推斷出正是趙光義害死了宋太祖。宋太祖趙匡胤雖然防止了地方勢力的割據和將領們的跋扈，但他卻沒有能夠防止皇族內部的篡奪，以至於莫名其妙地死去。

宋神宗趙頊

西元 1067 年，宋英宗病死，立為太子不久的趙頊倉促即位，是為神宗。

趙頊即位之時，社會衝突已經比較尖銳，宋初以來就出現的冗官、冗兵、冗費「三冗」問題愈演愈烈。宋初制定的一系列制度，已經有很多地方不適應社會的現實狀況，百姓日生不滿，小規模的起義也此起彼伏，因此必須在政治、財政、軍事等方面進行一些改革，才能有效地維持國家機器的正常運轉。宋仁宗其實已經發現這些問題，但在施行過程中，由於遭到強大的阻力，他在位時的慶曆新政很快就流產了，主持改革的范仲淹也被迫下臺。

血氣方剛銳意求治的宋神宗趙頊下車伊始，就急於尋找一個能夠全力幫助他改革的大臣作為臂膀。王安石就在這時

脫穎而出了。王安石在地方為官多年，親眼看到當時社會問題的嚴重性。他曾給當時的皇帝仁宗上了《上仁宗皇帝言事書》。宋仁宗沒怎麼看，未即位的趙頊倒看得很仔細，因而非常欣賞王安石。趙頊即位後，就把王安石召到身邊。第一次召見王安石時，心急的趙頊就問他治國應當先作什麼。王安石的一番回答令趙頊耳目一新，於是命王安石寫出《本朝百年無事札子》，討論北宋先帝的治國之道。

趙頊看後大喜，便於西元 1069 年起用王安石為參知政事（即副相），並親自督促王安石提出並推行了一整套新法。

改革命令一出，朝野大嘩，新法中許多措施直接觸犯了大官僚、大地主、大商人的利益改革，加上新法本身有許多不足，所以幾乎各項新法都遭到強烈反對。而遭到反對最多的就是侵犯大地主、大商人利益的免役法和市易法。一時朝野內外，反對聲四起，就連太皇太后、皇太后和神宗皇后也站出來表示對反對派的支持。

在這樣的局面下，趙頊有些動搖了，先後將王安石兩次罷相，以平息反對的聲音。不過，王安石下臺後，趙頊還是將部分新法持續進行，其中改革官制與強化軍兵保甲的制度成為改革的重心。由趙頊自己單獨進行的改革被後人稱為「神宗改制」。

趙頊在推行新法的過程中，其富國強兵的目的非常堅

決，但在抑制兼併這一點上，他遭到強烈反對後便往往虎頭蛇尾，既想增加財政收入，又不願損害上層既得利益，結果，負擔只有轉嫁到下層人民身上。

趙頊除了推行改革之外，還不滿北宋對遼和西夏一味妥協退讓，因此與邊境少數民族政權進行了多次戰爭，但大多是勝少負多，只有對交趾的反擊戰和第一次征伐西夏還比較重要。

位於現今越南北方地區交趾，不斷在宋邊境進行劫掠。西元 1076 年，趙頊派兵征討交趾，將交趾打敗，全部收復被交趾占據的邕州、廉州等失地。隨後攻入交趾國內，交趾王李乾德眼看宋軍就要兵臨城下，趕忙奉表乞降。從此，交趾再不敢侵擾宋境。

西元 1037 年，趙頊派王韶率軍進軍一千八百里，占領了宕、岷、疊、洮等州，招撫大小蕃族三十餘萬帳。這是自北宋開國以來宋對遼、夏戰爭中的空前大勝。但後來再對西夏用兵，北宋都以敗而告終。西元 1081 年，趙頊趁西夏國王秉常的母后專權之機，兵分五路，共二十多萬兵力征討西夏，大軍深入西夏境內，直抵靈州（今旗靈武）城下。西夏軍決黃河水將宋軍淹沒，並切斷宋軍糧道，結果宋軍大敗。此次戰爭，宋軍有兩百多個將校陣亡，傷亡二十多萬士兵和民夫。消息傳到朝廷，趙頊悲痛難忍，竟臨朝大哭。從此，趙

頊徹底喪失了先前的雄心，維持原來對西夏的和議，每年向西夏交納財物。西元 1085 年，深受西北邊境軍事失敗所打擊趙頊一病不起，不久就去世。

宋徽宗趙佶

宋徽宗趙佶出生於西元 1082 年，是哲宗趙煦異母弟弟。趙佶自幼就對書法、繪畫、丹青、騎射、蹴鞠，甚至豢養禽獸、侍弄花草懷有濃厚的興趣。尤其是在書畫方面他顯露出了卓越的天賦。但就是不喜歡宗室親王日常學習的儒家經典、史籍。在趙佶四歲那年，母親就隨剛死不久的神宗而去，因此，缺乏母親教育的趙佶行為逐漸輕佻放浪，與英宗女兒魏國大長公主的駙馬王詵臭味相投。而趙佶即位後的四大奸中的高俅，就是王詵無意中送給他的。這高俅玩得一手好蹴鞠，但臭名遠颺，因而受到王詵的喜愛。有一天，王詵命高俅給趙佶送蓖，正好趕上趙佶在園中蹴鞠，無意中將球踢到高俅身邊，高俅遂顯示出他過人的蹴鞠技術，因而趙佶將高俅留下，日見親信，頗加重用。

趙佶在外面胡作非為，但回到宮中後，尤其是在向太后面前，趙佶裝出一副知書達理的模樣，對向太后極其敬重孝順。向太后對他非常喜愛，因而在無子嗣的哲宗病死後，向太后首先就想到了端王趙佶，立即將趙佶招來靈柩前，宣布

讓他即位。趙佶就這樣登上了皇位，成為北宋的第八個皇帝。

趙佶即位後，一向信任趙佶的向太后並不想干政，即使是在趙佶和眾大臣的懇求下勉強聽政了六個月，隨後便還政引退了。善於在向太后面前演戲的趙佶，則表現出一副浪子回頭的樣子，退還了百姓王懷獻給他的玉器，還趕跑自己在內苑豢養的珍禽異獸，又曾因出現日食而下詔求直言，儼然一副勵精圖治的樣子。

但向太后死後，趙佶就恢復了本來面目，首先將大奸臣蔡京召回朝廷，並於次年任命為宰相。從此，蔡京就伴隨在趙佶身邊，阿諛奉承，溜鬚拍馬，極盡小人之能事，趙佶在位二十六年，蔡京任相二十四年，中間雖曾三次被罷，但旋罷即復，可見蔡京的會說好話使趙佶離不開這個馬屁精。除了蔡京，趙佶身邊還有童貫、朱勔、梁師成等奸佞之徒。趙佶昏而不庸，雖寵信奸臣，但最高決策權卻是一直牢牢控制在自己手中。天下之事，無論巨細，全得由他親自處理。

如果趙佶不當皇帝的話，倒也許會成為一個書法大家，丹青高手，或者是一個頗有影響的收藏家。他對這些收集來的古書畫、彝器等潛心研究，還把收集到手的書法名畫大多都重新裝裱，親自為之題寫標籤，以便保存。在裝裱時，趙佶還有一定的格式，被後世稱為「宣和裝」，至今還可見到。他還命人將歷代著名書法家、畫家的資料加以記錄整理，並附上宮中所

藏的各家作品的目錄，編成《宣和書譜》和《宣和畫譜》，為後世留下了美術史研究的珍貴史籍。趙佶還對所藏古彝器進行考證、鑒定，親自編撰了《宣和殿博古圖》。

趙佶從小就喜好道教，經常翻閱道教神仙鬼怪的書籍，對神仙的生活十分嚮往。再加上一些道士瞎貓碰著死耗子，竟然先是預言他當得天下，後又勸他將京城東北角墊高，以便多生兒子，這些預言倒都實現了，於是趙佶從此深信不疑，在他眼裡，道士簡直成了活神仙。一時間，道教風行全國，一些不小心墜落紅塵的活神仙紛紛出場。

趙佶對道教越發痴迷，到後來竟然把自己也冊立為「教主道君皇帝」。蔡京、童貫等朝廷大臣也都兼任了道教官職。就連朝廷要提拔侍從以上的官員，也得先由算卦的道士推算他的五行休咎，然後再正式任命。一時之間，恨不得天下男女都是道士，都是仙姑，然後齊聲高頌「太上老君急急如律令」，然後趙佶就得道升仙，到天上去瞎折騰去。

直到西元 1121 年夏，天降大雨，汴梁城內汪洋大海，煞有介事作法的林靈素被防汛的民夫打得屁滾尿流，再加上太子趙恆前來告狀，趙佶這才趕走林靈素，才使得自己的修道活動稍有收斂。

趙佶性本輕浮，又正值風流年華，在忙於收集花木竹石、鳥獸蟲魚、鐘鼎書畫，忙於修道升仙的同時，趙佶還是

忘不了凡間的兒女情事。

在趙佶的後宮中，充斥大量的美女，趙佶每日環遊在石榴裙下，樂此不疲，先後寵愛過鄭、王二氏，大小劉貴妃、喬貴妃、韋貴妃等等。這幾個人各領風騷，人人都擅一時之寵。趙佶玩膩了後宮佳麗，又跑到宮外，打起了名妓李師師的主意。趙佶經常趁夜間溜出宮門，微服潛行，前往她家過夜。

趙佶在位二十六年，生活的腐朽糜爛在歷代皇帝中是少有其比的。但就是這樣一個只會享樂的皇帝，竟也有些文治武功的想法。文治是不行了，但「武功」他還行。因為在蔡京建議下，趙佶派童貫帶兵討伐西夏，竟然取得了勝利，攻占了許多地方，逼得西夏低聲下氣地奉表謝罪。自從與西夏交兵以來，宋朝確實從未取得過如此赫赫的戰果。趙佶洋洋得意起來，又打起了行將就木的遼國的主意。於是與金簽訂海上之盟，共同夾擊遼，收復燕京。燕京是收復了，趙佶的「武功」倒也不小，但隨後金大舉南侵，趙佶就沒有什麼好下場了。西元 1125 年，金兵分兩路大舉南侵。在叛徒郭藥師的帶領下，金軍是攻無不克，戰無不勝，不久就打到了京師附近。趙佶此時再也風流不起來，嚇得只想著逃跑，但主戰派李綱的一席話提醒了他。李綱刺破手臂，以血上疏說：「皇太子監國，本是典禮之常規，但如今大敵入侵，安危存亡在於呼吸之間，怎能仍舊拘泥於常規呢？名分不正而當大權，

又何以號令天下，指望成功呢？只有讓皇太子即位，叫他替陛下守宗社，收人心，以死捍敵，天下才能保住！」趙佶聽後，想想也對，為保住面子，他絞盡腦汁找了個要當教主道君的藉口，將皇位傳給了皇太子趙恆，於是趙恆就這樣登基了，即是後來的宋欽宗。在經過一番辭讓後即位。趙佶尊號曰「教主道君太上皇帝」，居龍德官鄭皇后尊號曰「道君太上皇后」，居頏景西園。趙佶退位後，就帶著嬪妃寵臣向南逃跑，直到金兵從汴京城下撤退，趙恆派人請趙佶回京。趙佶這才又回到汴京。隨後，金兵又來攻打汴京，不久城破，趙佶和兒子趙恆等被抓獲。等金兵在汴京劫掠一番後，趙佶和趙恆以及王公大臣貴族嬪妃等三千多人，被金兵押著往北而去。同行的，還有趙佶苦苦收集的大量古籍珍玩等等，也不知道這個亡國之君看了心痛不心痛！

趙佶被押到金國都城所在地的上京會寧府（今黑龍江阿城縣南），在穿著素衣拜見了阿骨打廟後，又拜見金太宗吳乞買於乾元殿，金太宗封他為「昏德公」。不久，趙佶和趙恆等九百餘人，被遷到了韓州，金朝撥給十五頃土地，令他們耕種自給。

在以後的幾年裡，金人每逢喪祭節令總要賞賜給趙佶一些財物酒食，每賜一次，又總要趙佶寫一封謝表。後來，金人把這些謝表集成一冊，拿到設在邊境的和南宋進行貿易的

榷場一直賣了四五十年。

西元 1135 年春，這個風流大半輩子，到老來卻受盡懲罰的宋徽宗趙佶，終於熬不到被接回南宋的那一天，客死他鄉。西元 1142 年夏，趙佶的棺材終於被運到臨安安葬。

耶律阿保機

耶律阿保機（西元 872 ～ 926 年），即遼太祖，漢名億。十八世紀初統一契丹八部，控制鄰近女真、室韋等族。任用漢人韓延徽等，改革習俗，建築城郭，製作契丹文字，發展農業和商業，推進契丹族封建化的進程。西元 916 年稱帝，國號契丹。

在我國北方的遼闊草原上，曾經生活著一個驍勇善戰的馬上民族契丹族。契丹族的祖先是東胡族，東胡族在西元四世紀的時候，被北魏擊敗，就退到潢河（今內蒙古西拉木倫河）以南、土河（今內蒙古老哈河）以北的地區。唐朝建立之後，在這裡設置了松漠都督府，進行管轄。遼太祖陵潢河和土河之間的地區水草豐美，樹木繁盛，遊牧在這裡的契丹八部中的迭剌部開始強盛起來。迭剌部和中原接壤，很多漢人為了躲避中原的戰亂，逃到了這裡。他們帶來了中原先進的生產工具和生產技術，迭剌人很快學會了冶鐵、紡織以及建築房屋等技術，成為契丹各部中最強大的部落。

西元 872 年，耶律阿保機出生在迭剌部顯赫的貴族家庭耶律家。他的祖輩世代擔任迭剌部的酋長，而且從阿保機的七世祖涅里開始，耶律家還世襲了契丹部落聯盟的最高軍事首領夷離菫，阿保機的祖父、兩位伯父和父親就都擔任過這一職務。夷離菫掌握兵馬大權，地位僅次於部落聯盟的首領可汗，還可以在對外戰爭中獲得大量的財富和俘虜，所以，自從世襲擔任夷離菫之後，耶律家族就更加顯貴了。

阿保機從小就落拓多智，與眾不同。到他的伯父釋魯擔任夷離菫時，阿保機已經是一個魁偉勇武、氣宇不凡的年輕人了。他弓馬嫻熟，力大無窮，而且足智多謀，膽識過人，部落裡的人都很敬畏他，即使是擔任夷離菫的伯父釋魯，遇到疑難之事也經常向他請教。夷離菫是部落聯盟首領之中的一個肥缺，部落中經常發生爭奪夷離菫的激烈鬥爭。釋魯為了保護自己的權力地位，創立了一支名叫「撻馬」的侍衛部隊，任命阿保機把任這支親軍的首領，並命令他率領軍隊征討四鄰的室韋等民族，擴大契丹族的勢力範圍。阿保機以出色的軍事才能攻城略地，所向披靡，威震契丹諸部。

後來，契丹貴族蒲古只的三族子孫發動叛亂，殺害了釋魯。契丹可汗痕德菫授命年輕的阿保機領兵平叛。阿保機依靠自己卓越的軍事指揮才能，率領精銳的撻馬親兵部隊，迅速擊潰了蒲古只三族，平定了叛亂，阿保機因此被任命為夷

離堇。僅僅一年之後，阿保機又升任於越，總管軍國大事，並繼續擔任軍事首領夷離堇。這樣，整個契丹族部落聯盟的軍政大權都掌握在阿保機一人手裡，他已經超過可汗痕德堇，成為契丹實際上的最高統治者。這一年，阿保機剛剛三十一歲。

阿保機被推舉為夷離堇之後，奉命專事征討，擔負起進行對外戰爭、開疆拓土的大任。西元 901 年，阿保機率軍攻打室韋等部族，俘獲很多奴隸和財物。西元 902 年，阿保機又率領十幾萬軍隊攻占代北的九座城池，俘虜萬人口，送到龍化州，墾荒耕種。西元 903 年，阿保機東征女真，南伐河北，一直攻到薊北。西元 904 年，阿保機又率領軍隊進攻黑車子室韋。室韋首領向唐朝的盧龍軍節度使劉仁恭求救，劉仁恭派養子趙霸領兵數萬進攻契丹。阿保機探聽到趙霸已經率軍北上，就在桃山下埋伏精兵，並收買了一個室韋人謊稱是室韋首領派來的嚮導。趙霸信以為真，結果被引入了阿保機的埋伏圈。契丹伏兵四起，萬箭齊發，唐軍措手不及，全軍覆沒。阿保機乘勝追擊，大破室韋。

此後，阿保機不僅在契丹等族聲名赫赫，還威震中原，名揚四海。唐朝河東節度使李克用聽聞了阿保機的威名，也在西元 905 年派人來和他結盟，想借助阿保機的力量對付背叛的劉仁恭。阿保機也正在尋求外族的支援，於是痛快地答

應了李克用的要求，和他約為兄弟，並隨即發兵進攻劉仁恭
據守的幽州，大獲全勝。這次戰役的勝利，更加引起了中原
藩鎮對阿保機契丹勢力的注意，他們紛紛來和阿保機結盟。
阿保機的聲望日益提高，贏得了契丹人民的景仰和愛戴。

　　西元 906 年，契丹可汗痕德堇去世，臨死之前，推薦阿
保機繼任可汗。這時，阿保機已經掌握了契丹部落聯盟的軍
政大權，西元 907 年，阿保機透過部落聯盟選舉的儀式，設
立祭壇，祭告祖先天地，正式繼任可汗，成為名副其實的契
丹族領袖。阿保機繼任可汗之後，開始改革契丹族的一些舊
制度，鞏固自己的地位和權力。他首先廢除了部落聯盟選舉
制，實行君主世襲制。按照契丹族舊制，契丹八部的大人每
三年要召開一次大會，推選智勇雙全的人擔任可汗，於是經
常有舊可汗退位、新可汗登基的情況。而阿保機卻想廢除部
落聯盟制，將契丹族統一為一個奴隸制的國家。於是他採納
了漢族知識分子的建議，仿效中原漢族正期，實行君主世襲
制。為了保障自己的統治，阿保機又從契丹備部挑選健壯勇
武的兵士，建立了自己的侍衛親軍「腹心軍」，顧名思義，
這是一支阿保機的心腹部隊，他任命自己的心腹之人統領這
支軍隊，使它成為自己統治權力最可靠的保障。

　　阿保機繼任可汗之後，還繼續進行對外戰爭，擴大契丹
的地盤和勢力。他先和朱全忠、李克用等中原藩鎮勢力結成

友好關係。當時，盤踞幽州的劉仁恭多次興兵北上，騷擾契丹部族，契丹人深受其害。阿保機繼任可汗的第二年，就趁劉氏父子兄弟內訌之機，發兵南下，占領了營州。後來，李克用之子李存勗攻破幽州，消滅了劉氏的勢力，替契丹除去了一個勁敵。南部邊境的威脅解除之後，阿保機得以集中兵力和精力征服契丹後方的各少數民族，他連續出兵，先後擊敗了室韋、烏丸、奚等部族，占領了東到渤海，南到幽州，北越潢河，西越松漠的廣大地區。阿保機在契丹人民中的威望越來越高。可是，就在這時，契丹族內部發生了叛亂。

阿保機對汗位繼承製的改革，引起了許多覬覦可汗之位的契丹貴族的不滿。他們多次發動叛亂，試圖推翻阿保機的統治，奪取契丹的最高領導權。西元911年，一些契丹貴族，甚至包括阿保機的四個弟弟和他的養子，在利慾熏心的轄底的慫恿下發動了叛亂。阿保機聞訊之後，立即命心腹大將耶律曷魯率領「腹心軍」前往平叛，叛亂者束手被擒。阿保機寬大為懷，對他們從輕發落，希望能夠爭取他們的支持。可是，這些人不但不思悔改，反而在西元912年，趁阿保機出征在外的時候，發動了第二次叛亂。阿保機避開了和叛軍正面交鋒，繞路回到本部，爭取了多數貴族的支持，使叛軍不戰而降。阿保機再次忍讓，對叛亂者不予追究。很快，這些貴族又發動了第三次叛亂。這一次，阿保機決定嚴

懲不貸，他平定叛亂之後，處死了很多叛亂首領，西元915年，契丹八部大人趁阿保機征伐室韋凱旋而歸之時，設下埋伏，逼迫阿保機退位。阿保機無奈，只得交出象徵可汗權力的旗鼓，等待時機，捲土重來。西元916年，阿保機在妻子述律平的建議下，請八部大人來鹽池犒勞他，趁機全部殺掉了各部大人，清除了阻礙他的舊勢力。

平叛戰爭的勝利，使阿保機的統治地位變得不可動搖，也為他建立奴隸制國家鋪平了道路。

西元916年，阿保機稱帝，國號契丹，一個強大的奴隸制政權誕生了，契丹開始進入文明社會。後來契丹改國號為遼，阿保機就是遼太祖。阿保機建國之後，就開始創立國家的政治、經濟、法律等各項制度。

為了消除叛亂的隱患，阿保機首先任命了一些他信任的人掌管軍國大事，還將人多勢眾的迭剌部一分為二。他還對南北兩大部落集團北府和南府實行新的行政管理，北府宰相由後族把任，南府宰相則由皇族擔任，南北宰相同時成為裡帝的重要輔佐大臣。阿保機又在各地設置節度使、招討使、防禦使等地方官，還規定了各級官員的品級次序，比較完善的統治機構開始逐步形成。

隨後，阿保機採納了漢族土人韓延徽的建議，在臨潢建立城西樓，後來又建立了上京，作為郡城。北方遊牧民族政

權有固定的郡城，就是從此開始的。

阿保機又設置執行法律職能的決獄官，並制定了契丹族的第一部法律「決獄法」。為了維護自己的統治，阿保機還大力加強軍事力量，他擴大了皇帝侍衛親軍的力量，削奪了原來各部夷離堇的兵權，使他們成為聽命於皇帝的大臣。

阿保機還很注意發展契丹文化，他命耶律突呂不等在漢族知識分子的幫助下，創造了數千個契丹文字，契丹從此有了文字，結束了結繩刻木紀事的年代。阿保機還大力推行漢族文化，中原的戰亂，使大批的漢人流入安定的契丹國避難。在上京臨潢府，漢人竟然占人口的三分之一。漢族人民的到來，給契丹人帶來了先進的科學文化。阿保機也把漢人當作智慧之源，對其進行保護。他大量任用漢族知識分子，發揮他們的聰明才智，推進契丹發展的步伐。他還在新建的都城修建孔廟，以及佛寺、道觀，並親自拜謁孔廟，表示了對儒學的重視。文字的創立和對漢族文化的引進，大大推進了契丹族自己科學文化的發展，對契丹的歷史產生了巨大的影響。

經過阿保機多年的苦心經營，一個初具規模的契丹政權在北方草原上建立起來了。契丹族迅速超越了其他少數民族，強大興盛起來。

契丹政權是一個生機勃勃的軍事集團，阿保機並不滿足於僅僅統治相對荒蕪的北方草原，他一直覬覦富饒的中原地

區，想奪取河北，挺進中原。他稱帝之後，多次發兵南下，試圖進占中原。阿保機還西征回鶻、突厥、党項等族，東征渤海，使這些部族都先後歸附了契丹，大大開拓了契丹的疆域。這時，契丹的強盛已經遠遠超過了中原諸國，於是，契丹開始成為中亞以及其他一些亞洲民族，甚至部分歐洲民族對中國的稱呼。這正說明了當時契丹政權的強大興盛。

西元 926 年，阿保機東征渤海，凱旋班師途中，病逝於扶餘城。

遼太祖耶律阿保機戎馬一生，南征北戰，領導契丹人民建立起自己的強大政權，完成了契丹族從原始部落聯盟向奴隸制國家的轉變。他還開創了契丹國的各項政治、經濟、法律制度，鞏固了新生的奴隸制國家。阿保機還讓人創造了契丹文字，對推動契丹科學文化的發展起了極大的作用。作為契丹人民的英雄領袖，阿保機為契丹族的發展做出了不朽的貢獻。

完顏阿骨打

完顏阿骨打（西元 1068 ～ 1123 年），即金太祖。女真族完顏部首領。西元 1113 年繼任都勃極烈。他逐步統一鄰近部落，充實實力發動對遼的戰爭，一再取得勝利。1115 年稱帝，國號金。使完顏希尹制女真文字。天輔三年（1119）與北宋訂約共同攻遼，陸續占有遼的大部分土地。

五、遼宋夏金元帝王

　　帶領女真擺脫契丹的奴役，建立奴隸制，使北方廣大地區穩定下來，生產經濟得到恢復發展。

　　阿骨打出生在一個女真族上層貴族的家庭，他的祖先世代擔任女真族部落聯盟的領袖。女真是中國北方一個歷史悠久的民族，他們在白山黑水之間逐水草而居，過著遊牧漁獵的生活。十世紀中葉以後，完顏部的綏可擔任了部族的首領都勃極烈，他領導族人改變生活方式，在富饒的按出虎水河畔定居下來，開始建造房屋、種植五穀，過上了農耕生活。完顏部人還學會了燒炭煉鐵，製造工具。鐵器的使用使完顏部迅速發展強大起來，成了女真各部的核心。到了十一世紀末，烏古乃擔任都勃極烈的時候，完顏部已經非常強大了，開始對女真各部進行統一。完顏部的酋長開始取得了世襲部落聯盟領袖的權力，烏古乃就是阿骨打的祖父，而這種部落聯盟就是後來女真國家的雛形。金太祖阿骨打出生在這樣一個顯赫的家族中，他的祖父兄弟們為了統一各部，連年跨馬征戰。這使得阿骨打從小就養成了尚武的精神，十幾歲的時候，阿骨打就已經因為擅長騎射而遠近聞名了。他力大無窮，射出的箭能達到三百二十步之遠，就連完顏貴族中最善射的漫都訶也望塵莫及。阿骨打年輕時起，就追隨父兄四處征戰，為女真族的統一立下了汗馬功勞。

　　當時，女真族正處於契丹人建立的遼國的統治之下，契

丹經常對女真各部燒殺搶掠，逼迫女真人每年進貢大量的馬匹、珍珠、貂皮、海冬青等強行和女真人進行不平等貿易，低價搶購女真人的人蔘、金子等土特產還不斷派出使者，號稱「銀牌天使」，騷擾女真各部。女真人對契丹人恨之入骨，開始醞釀反抗契丹壓迫的鬥爭。

西元 1113 年，阿骨打繼任為完顏部的首領都勃極烈，他勵精圖治，擔起了領導女真人民進行抗遼戰爭的重任。他首先完成了對女真各部的最後統一，隨即著手發展生產，蓄積糧食，修築城堡，練兵牧馬，增強軍事力量，為發動抗遼戰爭做好了準備。同時，阿骨打還繼續向遼國進進貢，並不時賄賂契丹權貴，以麻痺契丹人，爭取準備時間。

這時，遼國在天祚帝的統治下，已經是內外交困，面臨分崩離析的局面。西元 1112 年，天祚帝到渾同江釣魚遊樂，大擺魚頭宴，招待前來祝賀的女真各部首領，酒酣耳熱之時，他讓各部首領依次歌舞，為他助興。懾於天祚帝的淫威，各部首領都無可奈何地唱歌跳舞，唯獨阿骨打昂首正視，以不會為由，嚴辭拒絕了。天祚帝見阿骨打氣宇非凡，覺得他將來一定會成為遼國的大威脅，就讓樞密使蕭奉先藉故殺掉他，蕭奉先說：「阿骨打雖然粗鄙無禮，但是他沒有什麼大過錯，就這樣把他殺了，恐怕不太妥當。」這次事件表明，阿骨打與遼國之間的衝突已經尖銳激化到不可調和的地

步，戰爭已經是不可避免的了，而阿疏的叛逃更給了阿骨打發兵的理由。

阿疏是女真一個部落的首領，他的勢力被消滅後，就逃到了遼國，借助契丹人的力量，阻撓女真的統一。阿骨打多次要求遼國交還阿疏，天祚帝卻置之不理。於是，阿骨打就以此為藉口，起兵反遼。

西元 1114 年九月，阿骨打召集女真將士兩千五百人，在淶流河祭祖誓師，發動了反抗遼國殘暴統治的戰爭。他歷數遼國統治者的罪惡，並激勵女真將士說：「大家要齊心協力，奮勇殺敵。凡是有功者，部曲奴隸釋放為平民，平民百姓授予官職，原先做官的加官進爵。」於是，女真將士個個奮勇衝殺，阿骨打脫去甲冑，一馬當先，一箭射死遼軍大將耶律謝十。遼兵潰不成軍，全線退敗。阿骨打率領女真將士一舉攻占寧江州。這次勝利，大大鼓舞了女真將士抗擊遼國的信心，寧江州因此成為女真族代代傳頌的勝利戰地，為後人紀念。

攻右寧江州之後，阿骨打乘勝進擊，出其不意，只率三千七百人，就擊敗出河店十萬遼國精兵，繳獲大量軍械物資，攻占了遼國的大片土地。出河店之戰是女真軍反遼戰爭的一次決定性戰役，這次戰役之後，女真軍隊迅速壯大，達到一萬人。據說，遼國曾經流傳過一句話，說女真軍不能

滿一萬，滿了一萬就天下無敵。阿骨打起兵之時，只有兩千五百人，遼軍就已經連吃敗仗。這時，女真軍隊已經滿了一萬，遼軍更無力抵抗了。

西元 1115 年，阿骨打在眾將的擁護下，稱帝建國，他在詔令中說：「遼國以鑌鐵為號，取其堅也。可是鑌鐵雖堅，最終也是要腐爛的，只有金子不壞不爛。金子是金色的，完顏部尚金，所以定國號為金。」阿骨打就是金太祖。

金太祖完顏阿骨打建國之後，繼續進行滅遼戰爭，兵分三路，進攻遼國的北部要地。金軍勢不可擋，迅速占領了賓、祥、咸三州，並攻克了遼國統治者控制女真各部的軍事重鎮黃龍府。至此，天祚帝才放棄了議和的幻想，御駕親征，率領十幾萬大軍氣勢洶洶地進駐駝門，發誓一舉剷除女真軍隊，消滅金國。這時金國剛剛建立，兵少將寡，全軍只有兩萬人，如何對抗得了十幾萬遼軍？金太祖阿骨打聞訊之後，也非常憂慮。最後，金太祖竟然使用了女真的一個古老的風俗，用刀劃破前額，仰天痛哭，與部將訣別，說：「我當初率領大家起兵，本來是想擺脫契丹的殘暴統治，建立我們自己的國家。可是如今，遼國皇帝親自領兵前來征討，我們如何是好？如果不拚死決戰，絕對抵擋不了遼軍。大家不如殺掉我一族，投降遼國，或許還會有一條生路。」眾將士聽後，群情激憤，異口同聲地表示願意追隨太祖，與契丹人決

一死戰。於是，金軍依靠僅僅兩萬人的兵力，擊潰了遼國十幾萬大軍，天祚帝退保長春州。

金軍乘勝進擊，在西元 1116 年，攻占遼國的東京遼陽府城，奪取了隸屬遼國籍貫的女真人的駐地。至此，阿骨打終於實現了整個女真族的統一。西元 1117 年，金軍攻占長春州和泰州。

金國的迅速崛起，也引起了中原北宋王朝的注意。而對宋這樣一個泱泱大國，金太祖阿骨打也不敢小覷，只能以禮相待。西元 1120 年，北宋皇帝徽宗派遣馬政出使金國，商議聯合進攻遼國的問題。西元 1120 年，宋金終於訂立「海上之盟」，聯合進攻遼國，滅遼之後，宋朝將每年輸送給遼國的歲幣轉送給金國，而金國將燕雲十六州一帶歸還北宋。

西元 1120 年，金太祖領兵親征，奪取了遼國的上京臨潢府。西元 1121 年，金軍又攻占了遼國中京大定府、西京大同府。西元 1122 年，金軍又配合宋軍攻克了燕京析津府。至此，遼國的 5 座京城都已經被金軍攻破。天祚帝在國破之日，逃入西北的荒漠，西元 1125 年，被抓獲斬首，遼國覆亡，金國占領了原來遼國統治的絕大部分領土。在白金之王完顏阿骨打的帶領下，女真族建立起自己的國家，推翻了遼國的統治，徹底擺脫了遼國的壓迫奴役，並統治了中國東北和北方的廣大地區。這個曾經遠遠落後於中原漢族的民族，

最終還將成為漢族北宋王朝的剋星，將趙氏皇族驅逐出中原，自己做了近百年的中原主宰。

金太祖不僅是一個能征善戰的軍事首領，還是一個遠見卓識的政治家。他成為女真族的領袖之後，一方面領兵征戰，進攻遼國，統一女真另一方面建立政權，勵精圖治，革舊布新。金國的建立是女真歷史上劃時代的發展，它標誌著女真族由原始氏族社會進入奴隸制社會。為了鞏固發展新興的國家，金太祖實行了一系列的改革。

金太祖首先確立了皇權的無上權威，將女真部落聯盟的領袖都勃極烈改稱皇帝，處於全國的最高統治地位。而皇位的繼承，雖然沒有採取嫡長子繼承製，但兄弟相繼的形式，僅僅在表面上保留了氏族公社中推選部落聯盟首領的某些痕跡，實際上卻將皇權牢固掌握在一個家族的手裡。金太祖又發展了女真族的都勃極烈、國相、勃極烈制，設置各種勃極烈，建立中央統治機構。勃極烈制雖然保留了部落聯盟時代的軍事民主制形式，但是實際上已經成為聽命於皇帝的中樞輔佐機構。

金太祖還改猛安謀克制為地方行政組織。猛安謀克制對女真族歷史具有特別重要的意義，這原本是一種軍事組織，後來發展為一種軍政合一的政權組織。阿骨打繼任都勃極烈之後首先完善了作為軍事組織的猛安謀克，以三百戶為一謀

克，設置百夫長每一謀克之中，按什伍制編成戰鬥小分隊。又以十謀克為一猛安，設千夫長。猛安謀克制大大增強了軍隊的機動性和組織紀律性。後來。猛安謀克制發展為一種軍事編制、生產單位和地方行政機構三位一體的組織形式，為金國統治者加強中央集權，鞏固自己的統治發揮重要的作用。

金太祖登基之後，確立了新的法制，規定法律面前沒有高低貴賤之分，保留了原始氏族時期的一些平等觀念。新法還規定犯罪者可以用財物贖免。金太祖還積極改革女真社會的不良風俗，他下詔革除原始婚姻習俗，嚴禁同姓通婚，凡是在寧江州戰役之後結婚的同姓夫妻，必須離異，這項措施有利於提高女真族的人口素質。

金太祖是一介武夫，一生戎馬倥傯，但是他卻很注重文化事業的發展。女真人建國之前，沒有自己的文字，他們紀事時使用信牌，作戰時只能口頭傳達命令在與遼國和北宋交往時，也只能借用契丹文字，非常不方便。阿骨打建國之後，意識到沒有自己的文字對民族的發展進步是一個巨大的障礙，於是命完顏希尹創了第一種女真族自己的文字 —— 女真大字，作為全國官方的通用文字。文字的創立，大大推進了女真政治、經濟、文化的發展。金太祖還十分注意學習漢族的先進文化，重用漢族的知識分子。這對於女真族的文化發展也發揮了很大的推動作用。

西元 1123 年，金太祖在追剿殘敵，由燕京回師上京的途中去世，終年五十六歲。

金太祖完顏阿骨打是女真族的偉大英雄。他建立了女真族的第一個政權，將女真人民從契丹貴族的奴役壓迫下解救出來，並帶領女真人民擺脫了原始氏族公社的社會形態，建立起奴隸制，進入文明社會。此後，女真族迅速發展強盛起來，不僅建立了自己的國家，推翻了遼國的腐朽統治，還占據了中國北方的廣大地區，在相當長的時間裡和北宋政府形成和平對峙的局面，使長期遭受戰亂的北方廣大地區穩定下來，生產經濟迅速恢復發展起來。這為後來元朝完成全國的再次統一，奠定了物質基礎。而為女真歷史和中國歷史做出如此卓越的貢獻的金太祖完顏阿骨打，作為女真族的英雄領袖，永遠為後人稱讚。

耶律德光

耶律德光（西元 902 ～ 947 年），即遼太宗。他在西元 927 年擊敗長兄耶律倍，即位契丹國主。西元 936 年，統兵滅後唐，立後晉兒皇帝石敬瑭，得燕雲十六州之地。西元 938 年，擴建皇都上京，確定官制，採取因俗治國方針，各方州、方鎮官制日趨完備。西元 947 年，南下滅後晉後，建立起大遼國。

五、遼宋夏金元帝王

　　在宋太祖趙匡胤建立大宋前 50 多年，在中國的北部崛起了一個強大的少數民族國家 —— 契丹國。契丹民族是個具有悠久歷史的民族。據傳說，在不能確指的時代，有個男子乘白馬自土河而來，女子乘青牛車自潢河而來，相遇為配偶，後來，他們生了八個孩子。再後來，他們的子孫組成為八個部落。這個傳說表明：契丹自母系氏族制過渡到父系氏族制時，主要的活動地區即在潢河、土河流域。他們共同的祖先是來自以白馬作象徵的氏族和以青牛為象徵的氏族。

　　對契丹部落有明確記載始於北魏，那時，契丹的八部已各有自己的名稱：悉萬丹、阿大何、具伏弗、日連、郁羽陵、匹黎爾、吐六於、羽真侯。然而，沒有人知道這些名稱的具體含義，只能猜測是他們最初居住地山川或是河流湖泊的名字。

　　北魏時期，契丹的八個部落仍是分散活動，他們各自以馬匹和皮毛與漢人交換，或是獨立發動對漢人的侵掠行動。

　　隨著生產的發展和氏族部落的繁衍，契丹人開始開拓自己的領域。他們驅趕走自己的鄰人，也被更強大的鄰人所驅趕，動盪的戰爭時代開始了。

　　隋朝建立後，大量的契丹人紛紛內附，回遷故地。他們也不時侵擾隋的邊境。西元 605 年，契丹人侵營州，隋起兵迎擊，大敗契丹，並擄走了契丹的大量人口和牲畜。此次衝

突，契丹族損失慘重。

對外作戰的需要，迫使各部落走向聯合。他們開始推舉共同的酋長，平時狩獵生產，各部落獨自進行，遇有戰事，酋長招集各部落酋長共同商議，調發兵眾，協同作戰。

西元 628 年，契丹酋長大賀氏摩會率領各部落依附於唐朝。唐太宗把在北方諸族中象徵著部落聯盟酋長的旗鼓賜給了摩會，表示承認了摩會的部落聯盟酋長的地位。

到唐朝末年，大賀氏部落聯盟解體，新聯盟成立。

新建的聯盟遵照舊傳統，依然採用八部制，新八部包括：乙室部、迭剌部、突呂不部、突舉部、楮特部、烏隗部、涅剌部和品部。

八部聯盟仍由部落議事會選舉產生，選舉時，八部的部落長共同燒柴，拜祭太陽，由母系氏族的長老，選舉聯盟長就職。夷離堇為聯盟的軍事首長，由選舉產生。

西元 872 年，阿保機出生在迭剌部耶律氏族的一個貴族家裡。自阿保機四代祖以下，阿保機一家任夷離堇職位共 13 人，24 任，直至阿保機這裡。後來，契丹部落聯盟中又設置了一個職位 —— 于越，負責掌握部落聯盟軍事和行政大權，比夷離堇的地位還要高。阿保機先後擔任夷離堇和於越，掌握了軍政大權。

阿保機不斷對外發動戰爭，掠奪了大量的財富和奴隸。

他的權力很快超過了部落聯盟首領──可汗。西元907年初，經過部落選舉，阿保機當了部落聯盟首領可汗。從此，他不再擔任於越和夷離菫的職務，但是，仍然把軍事和行政方面的實權抓住不放。同時，他建立起一支精兵，作為自己的侍衛親軍。

西元916年二月初一，阿保機決定按中原的習慣登基做皇帝。他下令在龍化州（內蒙古昭盟）的金鈴岡修築祭壇，並於二月十一日在那裡舉行了正式的登基大典。定國號為「契丹」，設年號為「神冊」，稱自己為「大聖大明天皇帝」，妻子述律氏為「應天大明皇后」。

阿保機建國後，立即開始瘋狂的侵虜，向南攻唐，占領了唐朝的大片國土，向西侵占西北諸族，向東消滅了渤海國。

阿保機東戰西殺，將國土面積擴展到原來的幾倍，成了威脅中原的一個強有力的軍事帝國。

西元926年七月，併吞渤海國後，阿保機未能返回，病死在扶餘府。皇后述律氏月理朵稱制，全權處理軍國大事。

述律後稱制不過是個過渡，真正的皇位繼承人還是要由皇子們中間選出。耶律阿保機和述律後生有二子，長子耶律倍，次子耶律德光。阿保機對長子耶律倍非常喜歡，滅渤海國，把它改為東丹國，封耶律倍為東丹王。耶律倍仿照漢族

的辦法，在東丹建立了一些制度。渤海國在被征服之前，文明程度僅次於中原地區，比契丹人要高出許多。

耶律德光多年來一直陪伴在母親身邊，沒有獨立處理過什麼大的事情，名氣也沒有兄長大。然而，儘管是一母所生，但述律皇后卻更偏愛自己的第二個兒子。太祖去世後，在述律後接管朝政期間做了大量的準備工作。一天，她把兩個兒子和各部落首領們都召集在一起，讓耶律倍、耶律德光兄弟二人乘馬立在帳前，然後，對各部落首領們宣布：「兩個兒子都是我鍾愛的，不知道該讓誰來當皇帝。現在，由你們在他們之中進行選擇，認為誰合適，就站在誰那一邊，牽住他的馬轡。」

部落首領們早已經明白述律後的心理，紛紛走到耶律德光這邊，牽住他的馬轡，述律後道：「人心如此，我安敢違背！」接著又掉過頭問耶律倍：「你意下如何？」耶律倍看到這種情形，自知沒有力量和耶律德光對抗，只好同意。耶律德光在母親的支持下繼承了皇位，史稱遼太宗。

耶律德光即位後，繼承父親耶律阿保機的傳統，大肆開邊拓土。當時，正值五代十國的後唐時期，契丹國與後唐接壤，面對南邊的這塊肥肉，遼太宗垂涎三尺，多次出兵進行搶掠，每次都弄回大批的人口、牛馬和財物，但卻未能占有土地。不想，後唐內亂，一心想當皇帝的石敬瑭給他提供了機會。

五、遼宋夏金元帝王

　　西元 936 年七月，後唐河東節度使石敬瑭和後唐主李從珂爭權。李從珂重兵壓境，石敬瑭派人出使契丹國求援，條件是將燕雲十六州送與契丹國。八月，耶律德光領兵援救。九月，契丹兵進大雁門關，旋進占太原。

　　後唐派高行周、符彥卿抵抗，又派張敬達、楊光遠夾攻，都被契丹兵攻破。十月，耶律德光封石敬瑭為晉王。耶律德光親臨石敬瑭府第，石敬瑭親自奉觴為太宗上壽。

　　契丹兵後來擊敗後唐趙延壽，並命石敬瑭要世為契丹國藩輔，還在晉陽設壇備禮冊封石敬瑭為大晉皇帝。後又幫助石敬瑭打敗唐軍，設宴盛待石敬瑭。酒酣耳熱，耶律德光和石敬瑭執手約為父子，送石敬瑭白貂裘一廄馬二十匹，戰馬一千兩百匹，以五千騎兵送石敬瑭入洛陽。石敬瑭為了報恩，時常進貢。

　　西元 938 年七月，耶律德光封石敬瑭為英武明義皇帝。石敬瑭則獻上燕雲十六州。從此，華北平原完全控制在契丹人手中。

　　耶律阿保機時期，隨著國勢的增強，疆域的擴展，逐漸建立相應的統治機制。耶律德光即位後，對其進一步完善，到占據燕雲十六州後，契丹國的統治制度基本形成。

　　西元 942 年夏，石敬瑭死，其姪石重貴即位，是為晉出帝。晉出帝向遼稱孫不稱臣。耶律德光開始有「南伐之

意」。次年冬，他到南京（今北京）議攻後晉，隨後命趙延壽、趙延昭、耶律安端、耶律解裡等分道出擊。

西元944年正月，趙延壽、趙延昭率前五萬騎兵進至任邱。安端入雁門，圍忻（今山西忻縣）、代（今山西代縣）。趙延壽進圍貝州（今河北清河西），後晉軍校邵珂開南門納遼兵，太守吳巒投井死。後晉遣便求修舊好，耶律德光覆書：「已成大勢，不可改。」契丹軍發動全面進攻，後晉軍先是潰敗，後來穩住陣腳。耶律德光見進攻不動，便搶掠人口財物而還。

西元946年秋，耶律德光再次發動攻勢，後晉大將杜重威率部二十萬人投降。耶律德光乘勝率兵自邢州、相州南下。命降將張彥澤為先鋒攻開封，晉帝石重貴初欲自殺，後聞耶律德光撫慰其母李氏，乃奉表投降，後晉滅亡。

西元947年正月初一，耶律德光進駐開封，受百官朝賀。二月，耶律德光改契丹國號為「遼」，大契丹國正式建立。耶律德光史稱遼太宗。

契丹攻占開封之後，縱兵大掠四郊州縣，中原民眾和部分地方官員奮起抗敵。各地抗遼武裝活動頻繁，大者數萬，小者不下千百，收復了宋、亳、密三州。耶律德光感慨地說：「我不知中國之人難制如此！」三月，耶律德光離開封北歸。四月，遼兵屠相州，城中存者僅七百餘人。

遼太宗率部北歸後，行到欒城（今河北趙縣），染上了病，開始時還不打緊，以為休息幾天就好了。誰想，竟然一病不起，而且越來越厲害，遍尋名醫，救治不得，竟然像他父親一親，病死途中。

成吉思汗

成吉思汗是蒙古族偉大的政治家、軍事家，其主要成就在於統一了蒙古，建立了蒙古國，以及為了鞏固蒙古政權而向北、向南和向西的征伐。

十二世紀，位於漠北大草原的蒙古部落林立，相互間爭戰不斷，這給蒙古族人民帶來了無盡的災難。腥風血雨中，沒有希望，只有黑暗。蒙古乞顏部的鐵木真在父親也速該被敵人毒死後，迅速地成長了。1178 年，鐵木真的愛妻孛兒帖被蔑兒乞人搶走，他深深感到沒有力量就會受人欺凌，無法在亂世中塵存。於是，為了家族的生存，為了替父報仇，也為了奪回愛妻，他開始了統一蒙古的戰爭。

鐵木真先聯合了克烈部的王罕和札答蘭部的札木合，打敗了蔑兒乞人，奪回了孛兒帖。十二世紀與十三世紀之交，又聯合王罕打敗了強大的塔塔兒部，戰勝了泰赤烏部、札答蘭部、合答斤等部，又征服了乃蠻，剷除了主兒勒。眼見蒙古即將統一，王罕和兒子桑昆密謀對付鐵木真，被鐵木真擊

敗。西元 1206 年，鄂嫩河源頭，鐵木真召集蒙古各部落首領，宣布大蒙古國建立，他被稱為「成吉思汗」（擁有四海的汗），歷史上叫元太祖。成吉思汗建國後，為了鞏固政權，加強統治，他分封了功臣，確立了千戶制度，設置了「斷事官」，建立了護衛軍，並創造了蒙古文字，頒布了蒙古第一部成文法 ── 《大札撒》。這一系列的制度和措施使得蒙古族成為了一個有共同經濟基礎，共同風俗習慣，共同文化語言和共同政治制度的真正的統一民族。同時，為了蒙古國的強大和穩固，成吉思汗開始了向北向南向西的征伐世界的戰爭。

西起葉尼塞河，東至貝加爾湖的森林地帶有一些桀驁不馴的「林中部落」，1207 年，成吉思汗派長子術赤向北對那些部落進行攻伐。同時，又使畏吾兒、哈剌魯降服。1209 年至 1211 年，向南三攻西夏，迫使西夏求和，瓦解了金夏聯盟，並於 1227 年滅西夏。1211 年，蒙古軍在野狐嶺與金軍大戰，殲滅金國全部精銳，攻占了中都。蒙古國北面和南面的邊境由此穩固。

1218 年，花剌子模（今烏茲別克和俄羅斯境內）殺了蒙古商人和使者，成吉思汗親率數十萬大軍西征，準備滅花剌子模。同年，派哲別滅了西遼，為平花剌子模鋪平了道路。1220 年，成吉思汗連破花剌子模的要塞不花剌、撒麻耳乾等

城，逼得花剌子模國王逃往裏海一帶，成吉思汗派哲別和速不台窮追不捨。1221 年至 1222 年，打過阿姆河，血洗花剌子模中心城市玉龍杰赤，本著「敵種之後不可留」的原則，派軍深入巴基斯坦、印度追擊逃敵。而追擊花剌子模國王的哲別和速不台在花剌子模國王死後，並沒有止步，繼續西進，征服了阿塞拜疆，掃蕩了伊拉克，並於 1223 年跨過高加索山，在阿里吉河打敗俄羅斯與欽察聯軍。隨後蒙古軍長驅直入俄羅斯境內，一直打到克里米亞半島、伏爾加河流域、多瑙河流域，威震世界，被西方人稱為「黃禍」。

至此，版圖遼闊，人口眾多的蒙古帝國形成了。這對中國成為一個統一的多民族國家起了很大的促進作用。而它的締造者成吉思汗以其「英勇果決」、「有度量，能容眾，敬天地，重信義」而被後世譽為「一代天驕」。

1227 年，滅西夏。成吉思汗病死於清水縣行宮中，享年六十六歲。遺體葬在薩里川，並在鄂爾多斯建「衣冠塚」。元太宗窩闊台「將門出虎子」，作為成吉思汗的兒子，窩闊台沒有理由不會騎馬射箭，並且跟隨父親四處征戰，成為一位驍勇善戰的虎將。

西元 1229 年秋，窩闊台在二哥察合臺的全力支持下，排除了反對成吉思汗的遺命、立幼子拖雷的主張，終於登上汗位。

　　窩闊台即位後，重用遼國宗室子弟耶律楚材等人，進一步健全了蒙古的法律制度和政治制度。耶律楚材是憑藉高明的星相占卜之術博得了成吉思汗的信任和重視，從而逐漸進入了蒙古的統治核心。

　　西元 1230 年，窩闊台同意耶律楚材關於在中原地區維持原來的農業、手工業生產，徵收地稅、商稅以及酒醋鹽鐵等稅的建議，並讓他試行。耶律楚材在受到蒙古貴族和漢人王侯的反對下，堅持施行賦稅制度，一年後，耶律楚材將徵收到的銀、幣和米穀簿籍陳放在窩闊台面前，窩闊台見 50 萬兩銀子，8 萬匹絹，40 萬石粟整整齊齊地擺在大堂裡，立即將中書省印授給耶律楚材，讓他負責黃河以北的政事。之後，耶律楚材根據草原地區和黃河以北的農耕地區的情況，分別實行相應的賦稅制度，為後來蒙古出兵南征奠定了堅實的財政基礎。

　　在耶律楚材的勸諫下，窩闊台逐漸改變了蒙古軍隊野蠻的屠殺行動，西元 1233 年初，蒙古軍隊廢盡九牛二虎之力，才攻陷軍民拚死抵抗的汴京，蒙古軍隊要按慣例屠城，經耶律楚材再三勸說，窩闊台決定只向金皇族問罪，禁止蒙古軍隊屠殺百姓。

　　西元 1235 年，窩闊台採納了耶律楚材的建議，在括編中原戶口時，按中原傳統，以戶為戶，按戶定賦，並保留中原

的郡縣制度。在括戶的基礎上，窩闊台又讓耶律楚材主持制訂了輕徭薄賦的中原賦役制度。

窩闊台還在耶律楚材的建議下，學習中原漢儒家文化。西元 1232 年攻汴京時，孔子五十一代孫孔元措得到耶律楚材的保護，後來被窩闊台封為衍聖公。窩闊台還採納耶律楚材的主張，興辦國學，考試儒生，得四千零三十人，其中四分之一的人原已淪為奴隸，中試後才擺脫了被奴役的地位。

西元 1235 年，窩闊台開始營建哈和林城，並於次年在哈刺和林（今額爾德尼召南）建成中國傳統庭院式的宮殿萬安宮，大汗的寶座在大殿的北部面南。隨後的兩年裡，窩闊台又先後修建了伽堅茶寒殿和圖蘇胡迎駕殿。從此，位處斡兒罕河上游哈刺和林河東岸（今額爾德尼召南）的哈刺和林城成為大蒙古國的都城，也是當時的一個國際性城市。

經過一番改革，蒙古國力大增，窩闊台也有了更多的人力物力和財力投入到統一戰爭。

西元 1229 年，窩闊台按成吉思汗的規劃，開始發動了滅金戰爭，並與南宋聯合，於西元 1234 年攻破金臨時都城蔡州，金哀宗自縊而死，金亡。窩闊台在滅金後，採取措施，以加強蒙古對中原地區的統治。西元 1231 年，蒙古軍攻入高麗，高麗王降。西元 1233 年春，蒙古軍討伐萬奴，半年後攻占其都城南京（今吉林延吉市東城子山），完全占領遼東。

滅金之後，蒙古軍隊北還休整，隨後於西元 1235 年開始攻宋，但窩闊台時期的侵宋戰爭，並非是以統一為目的，而是為了掠奪財物，使荊襄、四川、兩淮的許多地方遭到蹂躪。

西元 1235 年，窩闊台命術赤長子拔都總制其他諸王，率十五萬軍隊征討欽察、斡羅思等未服諸國。西元 1236 年春，蒙古大軍正式出發，沿途燒殺搶掠，無惡不作，每攻下一座城池，都要進行屠城。率先將勒拿河下游的欽察部收降，隨後於西元 1237 年秋開始征伐斡羅思，首先征服莫爾多瓦。次年初，蒙古軍分兵四路，一個月內連破科羅木訥、莫斯科、歲思托夫等十餘城，然後蒙古軍脅迫被俘的斡羅思人參加攻打公國首府弗拉基米爾城，五天之後攻破，並大肆搶掠弗拉基米爾、斯摩棱斯克、契爾尼果夫等地，繼續向西攻打欽察草原西部地區，逼迫欽察餘部遷往馬扎兒（今匈牙利）。

西元 1239 年，窩闊台遣兵再次攻打斡羅思，拔都親率大軍圍攻斡羅思國都乞瓦，入城後，蒙古軍姦淫擄掠，無惡不作。隨後又攻入伽裡赤國，破其都城弗拉基米爾沃淪和境內其他城市。

西元 1241 年，蒙古軍兵分兩路，分別侵入孛烈兒（波蘭）和馬手兒（今匈牙利）。拔都率軍攻克佩斯城，又對該城進行屠城。直到第二年窩闊台死訊傳來，拔部才率軍東還。

五、遼宋夏金元帝王

　　窩闊台雖然仁愛和善，樂善好施，經常慷慨大方地賞賜群官，還曾因見三個罪犯的母親號哭而赦免了這三人的死罪。但窩闊台性格中更多的是殘忍、苛暴。西元 1237 年夏，斡亦剌部落中謠傳：窩闊台下令要將該部的少女全抓去嫁人，嚇得這個部落的父母急忙把自己的閨女嫁人。窩闊台知道後大怒，下令把這個部落七歲以上的少女，包括已許配的都給抓到一個廣場裡，然後命令兵士當眾糟踏她們，並逼著她們的親屬在旁邊觀看，還不準埋怨和哭泣。在蒙古宮廷鬥爭中，窩闊台更是殘酷、陰毒，他因嫉恨擁有重兵和卓越軍事才能的四弟拖雷，用計將他毒死。

　　窩闊台能西征歐洲東部，南滅金朝，征南宋，建立偉大的功勛，憑藉的是蒙古強大的軍事實力，他雖繼承了父親成吉思汗的雄心，但也有著貪圖享樂的性格。滅金之後，他就不再受親征之苦，而是指派朝中的大將率師征伐。以後便嗜酒如命，親近美色，耽於射獵，朝政幾乎荒廢。

　　西元 1242 年冬，窩闊台出獵，在行帳中暢飲美酒，直喝得酩酊大醉方才休息。第二天，左右發現窩闊台已經中風，不久死去，時年五十六歲。

忽必烈

忽必烈（西元 1215～1294 年），是成吉思汗的幼子拖雷的正妻唆魯禾帖尼的第二子，生於金宣宗貞三年，其兄為蒙哥，其弟有旭烈兀、阿里不哥。他是在成吉思汗、窩闊台汗、貴由汗、蒙哥汗之後，第五個登上大蒙古國大汗寶座的人物。同時，他又是元王朝的創建者，蒙古語尊為薛禪（意為賢者）皇帝，卒於至元三十一年，廟號世祖。

忽必烈是在蒙金戰爭中出生並長大的，自幼就受到母親的嚴格教育，崇尚漢文化。

西元 1251 年，忽必烈的哥哥蒙哥即大汗位，成為大蒙古國的第四代大汗。由於忽必烈在蒙哥的諸弟中，是最大的一個，又十分賢能，於是被蒙哥委任主管漠南漢地的軍國庶事。次年，忽必烈移藩府於金蓮川（今內蒙古正藍旗東），繼續延請漢族儒士和官員，組成金蓮川幕府，輔佐他治理漢地。他先後任用漢人儒士整飭邢州（今河北邢臺）吏治，立經略司於汴梁，整頓河南軍政，屯田唐、鄧，都收到了積極的效果。

西元 1252 年六月，忽必烈奉蒙哥汗之命征大理。他帶劉秉忠、姚樞等隨行，而由蒙古名將速不台之子兀良合台統率軍隊。十二月過黃河。第二年春，經鹽州（今陝西定邊）出蕭關（今寧夏固原東南），來到六盤山。不久。蒙哥又把

京兆（今陝西西安）分封忽必烈作份地。於是忽必烈讓姚樞經營京兆，整頓吏治，立屯田，恢復農業生產，興學校，使關隴地區出現大治的局面，成為忽必烈南下的重要基地。忽必烈任用漢人儒士治理漢地所取得的成就，加深了忽必烈對「附會漢法」的認識，同時，也因此得到了北方漢族地主階級的擁護與支持。1253 年八月，忽必烈率軍進抵臨洮，開始轉戰川滇，對南宋進行策略迂迴。1260 年三月，忽必烈到達開平，召集忽里勒台，在諸王塔察兒、也先哥、大合丹、末哥等以及赤因鐵木兒、爪都、木華黎之後忽林池等人支持下，登上大汗寶座，後來改開平府為上都。

　　忽必烈在開平即汗位，代表著大蒙古國開始向元王朝的嬗變。他建元「中統」，確立了「祖述變通」的建國方針。在即位詔中，明確表示要在不損害蒙古貴族既得利益的前提下，加強「文治」。即所謂「稽列聖之洪規，請前代之定制」。換言之，就是以繼承祖宗的陳規為前提，附會漢法，建立與中原經濟基礎大體相適應的中央集權制的封建專制主義國家。在中央設中書省，以王文統為平章政事，在各地分設十路宣撫司，任漢人儒士為使。1262 年二月，山東軍閥李璮乘阿里不哥叛亂之機，在山東發動叛亂，攻占了益都和濟南。忽必烈令諸王合必赤總督河南、河北、山東各地的蒙古軍、漢軍，迅速鎮壓了這次叛亂。但是，李璮叛亂，引起

了忽必烈對漢人的猜忌，於是採取果斷措施，廢除漢人諸侯的世襲制度，削弱這些諸侯的軍權，在地方上實行軍民分治等。忽必烈以此來加強中央集權和對漢人的防範，同時在各級政權中，徵用色目人分管事權，以與漢人官僚相互牽制。1264 年八月，忽必烈又下詔改「中統五年為至元元年」。1271 年十一月，下詔「建國號曰大元，蓋取《易經》『乾元』之義」。同年，又改中都（今北京）為大都，與上都相呼應，實行兩京之制。至此，由大蒙古國向元王朝嬗變的過程基本完成。忽必烈以元王朝開國皇帝的面目，出現在中國歷史舞臺上。

1274 年六月，忽必烈發布伐宋詔書，任命左丞相伯顏與平章政事阿術統率二十萬大軍，水陸並進，大舉伐宋。1276 年初，攻下南宋都城臨安（今杭州）。1279 年，最後消滅流亡到崖山的南宋朝廷的殘餘勢力，完成了全國的大統一，從而奠定了中國疆域的規模，為國內各民族經濟文化的交流和發展，開拓了道路。

忽必烈在滅南宋統一全國之後，本來在他身上所表現出來的改革舊俗、附會漢法的積極因素逐漸減退，而保守、嗜利、黷武等消極因素卻逐漸增長。當初投奔忽必烈，並在元王朝建立過程中起過重大作用的漢人儒士、官僚，不是相繼謝世，就是逐漸被冷落。回回人阿合馬卻受到重用，從主管

財政，發展到西元 1275 年以後獨攬朝政，引起漢人官僚的不滿。忽必烈始終偏袒阿合馬，終於在西元 1282 年，大都發生了王著、高和尚刺殺阿合馬事件。此後忽必烈又先後重用盧世榮、桑哥理財，均以失敗告終。這時忽必烈又熱衷於征戰，總想透過武力降服新的國家。於是，他把矛頭指向日本、占城、安南、緬甸和爪哇，接二連三地派遣軍隊遠征。這一系列對外侵略戰爭，不僅給鄰國造成破壞，帶給鄰國百姓災難和痛苦，而且勞民傷財，也給本國人民帶來極大的災難，因而受到人民的反對，最後無不以失敗而告結束。就在忽必烈派出遠征爪哇的軍隊無功而還後兩年，即西元 1294 年，忽必烈病死在大都。

六、明清帝王

朱元璋

在中國的封建帝王史上，朱元璋算得上是一位卓越的人物。他最大的功績在於參加農民起義軍，推翻了元朝的統治，統一了全國，結束了元末二十年的戰亂局面，並推行了一系列卓有成效的措施，恢復社會經濟，為明朝前期的繁榮打下了基礎。蒙古人建立的元朝，廣大漢人百姓不僅要受到嚴酷的階級剝削，還要承受因實行種族歧視而帶來的種族壓迫。社會矛盾十分尖銳。終於在元末出現了空前嚴重的社會政治危機，統治階級內部的分崩離析，再加上連年的自然災害，最後爆發了聲勢浩大的農民起義。

出生貧農家庭的朱元璋在做了三年多的遊方僧後參加了郭子興的起義部隊，很快憑自己的出眾才幹得到了郭子興的賞識。郭子興死後，朱元璋就接管了他的部隊，逐漸成為起義軍的領袖。並在常遇春、徐達、劉基等的輔助下，先後消滅了與之抗衡的其他起義軍將領陳友諒、張士誠，又殺了起義軍原來擁立的小明王接著北伐中原，迫使元順帝逃離大都（今北京），顛覆了元王朝統治政權。西元 1368 年，朱元璋稱帝，創建了大明國。

由於元末統治者的暴政，加上連年的戰亂，社會生產力遭到了極大的破壞，明初人口減少，田地荒蕪，農業十分蕭條。朱元璋比較注意恢復和發展農業生產，採取了許多安定

民情，有利於農業生產、農民生活的措施。如抑制豪強，懲辦貪官汙吏下令農民歸田，解放奴婢移民屯田，獎勵開墾大力興修水利，推廣棉花、桑棗果木等經濟農作物的栽種。同時，保護商業，取消了書籍等的徵稅，繁榮了市場改變了元朝的匠戶制度，部分地解放了匠戶的勞動力，推進了民間手工業的生產。同時，他一生勤於政務，倡導崇實賤虛，主張實幹，反對空談，號召勤儉建國，訪儒求賢，破格用人。明初的二十多年中，人口和土地都有了成倍的增長。

明朝建立之後，為了加強皇權，朱元璋改革了地方和中央政權機構，取消中書省，廢掉宰相，分權於吏、戶、禮、兵、刑、工六部，而六部由皇帝直接統領。這樣，地方權力集於中央，進而集中到了皇帝手中，朱元璋建立了高度集權的專制統治。

同時，朱元璋實行嚴酷的吏治，又設立了特務組織錦衣衛，暗地偵察監視官員將領，製造了許多血案，如，朱元璋的特務組織曾告大將藍玉謀反，審訊結果，連坐被誅殺的人有一萬五千多人。而對起義時幫助他取得政權的文武功臣也大加殺戮，包括劉基和徐達等功勳卓著的人。另外，朱元璋大興文字獄，不少文人包括著名的詩人高啟，都因詩文獲罪，送掉性命。他在重視教育的同時，又規定八股文取士，箝制了思想定下了皇明祖訓，並且不許後世改變，束縛了以後的政治革新。

如上所述，朱元璋有許多功績，又有不少過錯，不過，總體來說，他的功還是大於過，他對社會的發展有著推動作用，在歷代帝王中，他是卓越的人物之一。

洪武三十一年（西元 1398 年）閏五月，朱元璋卒，享年七十一歲，葬於南京城外鍾山下，名曰孝陵。

朱棣

朱棣（西元 1360 ～ 1424 年），朱元璋第四子，初封燕王，鎮守北平。建文元年，起兵自稱「靖難」，四年破京師，奪取帝位。

朱棣的事業最初開啟於就藩北平。

明朝建國之初，元朝的殘餘勢力仍然很強大，對大明帝國造成一定的威脅。尤其是明朝的都城建在南京，元朝故都北平的舊勢力還是盤根錯節，不容忽視。朱元璋特意選了第四子朱棣來鎮服這個地方，洪武三年，十一歲的朱棣被封為燕王。洪武十三年，二十二歲的燕王朱棣正式受命就藩北平。他在明初與元朝殘餘勢力作戰和實現全國統一的過程中，建立了顯赫的戰功，地位超過了其他藩王，成為強藩之首。

洪武二十三年，朱棣初顯身手，採用武力與懷柔相結合的策略，北征招降成功，凱旋而歸。得到了父親的賞識和信賴。

　　北征之役後，朱棣在北部邊防越來越居有舉足輕重的地位。朱元璋經常派他率軍巡邊，信賴備至，甚至說：「朕之諸子，你最有才智，秦王、晉王（朱棣之二兄）已死，你實為老大（時太子也已死），攘外安內，非你不可，你要總率諸王，相機度勢，外防邊患，內安黎民，以上答天心，下副我付託之意。慎之，勿怠。」當時，元軍殘餘勢力陸續歸服，有至北平者，皆聽朱棣調用，燕王的勢力因此逐日壯大。在作戰和防邊過程中，朱棣又成為諸兄弟們的全權統帥。這樣，朱棣雄居北國十八年，軍事力量日益強大，政治經驗日漸豐富，這一切為他日後的奪位奠定了基礎。

　　最早就藩的諸王中，秦、晉、燕王勢力最大，形成三足鼎立之勢。他們都在等待時機，覬覦皇帝寶座。秦王因過失太多，很早就失去朱元璋的信任。只有晉王一向受到朱元璋偏愛，暗地裡與朱棣競爭。在洪武三十一年三月，他突然因病亡故，自然淘汰。

　　燕王朱棣成為對皇權最大的威脅。朱棣不是長子，也從未被肯定為皇位繼承人。然而，據稱他生得一副「龍顏天表，鳳姿日耳」的太平天子的容貌。傳說，朱元璋喜歡對聯，一次出了一個「風吹馬尾千條線」，讓諸子對，太子朱標對的是「雨打羊毛一片氈」，而四子朱棣對的是「日照龍鱗萬點金」。後者極有帝王氣魄。朱棣的師傅和尚道衍曾對

六、明清帝王

他說：「如果燕王讓他隨侍，他就奉一頂白帽給大王戴上。」「王」字上面冠「白」，則成「皇」，預示著朱棣將來能做皇帝。確實，朱棣就藩北國，時刻都在為爭奪皇位做準備。

朱元璋在皇位繼承問題上堅持嫡長制。他安排的第一個繼承人是長子朱標。但他犯了一個錯誤，把選定的皇位繼承人留在自己身邊，讓他終日接受儒術之教，卻將其餘諸子封為藩王，領兵分鎮，結果導致外藩強悍而皇儲柔弱的局面。皇太子朱標是被一個儒臣教養成了忠厚仁柔的人，與朱元璋的嚴猛之治格格不入，朱元璋逐漸對他失去信心。洪武二十五年，朱標病死，朱元璋遂想立朱棣為繼承人。以直言著稱的翰林學士劉三吾反對說：「若立燕王，置秦、晉二王於何地？無子可以立孫嘛！」朱元璋聽了劉三吾的話，沒有廢長立幼，而是立了朱標之子允為皇太孫。

洪武三十一年，朱元璋死，皇太孫朱允即位，以第二年為建文元年。朱允為皇太孫時，已感到「諸王以叔父之尊，多不遜」，很難控制。即位後，他重用老師黃子澄及兵部尚書齊泰，共議削除藩王勢力的策略，決定先削周、齊、湘、代諸王，同時在北平周圍部署兵力準備襲燕，對燕王朱棣下手。

朱棣方面也早有準備，他看到齊泰、黃子澄得到重用，同母弟周王被執，已經不抱任何幻想。他在姚廣孝的策劃

下，「練兵後苑中」，「日夜鑄軍器」。又佯狂稱疾，瘋瘋癲癲，有人向建文帝告密說，燕王無病，千萬不要喪失警惕。建文帝決心對朱棣採取行動。建文元年（西元 1399 年）七月，齊泰以逮捕燕府罪人為名，派人以突襲的方式迅速包圍了府第。朱棣按照事先的布署，以提供府內犯人名單為藉口，把謝、張二人引誘到府內，當場將朝廷來的人捉拿於殿下，圍城的將士聽說進去的人都被殺，皆潰散。朱棣即命大將張玉、朱能等率兵乘夜攻奪了九門，控制了北平。

建文元年，七月初七，朱棣聚集將士誓師。上書建文帝，指斥齊泰、黃子澄為奸臣，引證父親祖訓，說：「朝無正臼，內有奸惡，則親王訓兵待命，為天子討平之」，並聲稱自己已給皇帝上書陳情。這樣，他便可以「名正言順」地為朝廷「靖難」了。他並去掉了建文年號，稱洪武三十二年。從此，朱棣的藩軍和明官軍展開了四年的皇位爭奪戰。這就是歷史上的靖難之役，也稱壬午之變。

開始時，形勢一度對朱棣不利，但他調整策略，指揮軍隊，掃平了北平的外圍，使形勢發生逆變。

建文帝本人很懦弱，他起用老將耿炳文為征虜大將軍，率師北伐，又懼怕承擔「殺叔父」的罪名，下令不得傷害朱棣。朱棣親自披掛上陣，率師至涿州迎戰。燕兵過白溝河，乘八月仲秋之夜，至雄縣，一舉殲滅耿部前鋒九千人。又生

擒前來救援的潘忠、楊松，餘眾皆死。接著，朱棣又大敗耿炳文軍，耿率殘兵敗將退守真定。建文帝聞息，任李景隆為大將軍，代替耿炳文。

經過與李景隆近一年的艱苦爭戰，朱棣越戰越強，建立了牢固的根據地。

建文二年四月，朱棣所率的燕師在白溝河和李景隆的官軍進行了一場空前激烈的大戰，此即歷史上有名的白溝河之役。李景隆軍六十萬，擁有精良的火器。燕師只有馬步軍十萬。剛一交鋒，燕軍大敗，死傷甚眾，朱棣只有殿後撤退，倉猝渡河還營。次日清晨，再次過河挑戰，官軍橫衝數十里，燕軍復戰不利。朱棣乘的馬匹三創三易，用來射殺的箭全部用光，改為提劍，鋒復折，差一點被官軍擊中。但是他登蹄揮鞭，招呼後騎，官軍恐有埋伏，不敢前進。這時，朱棣之子前來救援，朱棣又一次化險為夷。官軍雖多於燕軍數倍，但「將帥不專，政令不一」。再加戰鬥中突然颳起了旋風，燕兵乘風縱火，燒具營壘，官軍旗倒兵散，四處逃竄，一敗塗地，一路潰而西，李景隆潰而南，部下十餘萬人投降。燕軍以少勝多取得了勝利。

朱棣獲白溝河大捷後，乘銳攻克德州，進圍濟南。山東參政鐵鉉設詐降計，預懸鐵板於城門上，旁邊埋伏壯士，等朱棣人，下板擊之。結果朱棣又大難不死，他對鐵鉉又氣又

恨，復攻濟南，仍然不下，遂撤軍回北平。

此後，燕師與官軍在河北、河南、山東之間進行了一年多的拉鋸戰。朱棣幾度死裡逃生。至建文三年底，他只牢固控制北平、保定、永平三郡而已。

建文舊年（西元 1402 年）朱棣又發起進攻。經過艱苦征戰，一度轉敗為勝，接著南下揚州，攻下高郵等地，到六月初三，燕軍自行渡江，初六取鎮江。這時，南京城裡建文朝廷一片混亂。軍隊已毫無抵抗能力。十三日燕軍進抵金川門，統兵將領李景隆開門迎降。建文帝見大勢已去。無路可走，便放火燒了皇宮，馬皇后被燒死，建文帝於宮中自焚死。還有一說是建文帝從道地出逃做了和尚，這在明史上成為一大懸案。

十七日拜謁孝陵，然後登奉天殿即皇帝位。這樣，經過四年的奮戰，多次大難不死的四皇子朱棣當上了大明朝的第三個皇帝。

靖難之役是明初歷史上重大的轉折點。這次變化，從某種意義上相當於改朝換代，特別是明成祖朱棣在統治時期所做出的突出政績，可以說是再造天下，如果說建立明帝國的是朱元璋，那麼使明帝國得到鞏固和發展的即是明成祖朱棣。

明成祖當政後有諸多重要舉措：

六、明清帝王

一是專制與集權進一步加強，他以藩王起兵奪天下，對於藩王權勢過重的禍害十分清楚，可是他又是以藩王利益代表者「靖難」的。所以，朱棣對削藩採取了欲奪先予的策略。他首先恢復了周、齊、代、岷這四位親王的封藩。但一旦自己的皇位得到鞏固，就立即著手削藩。勢力最強的寧王被遷徙於南昌。其他如岷王、代王、齊王、肅王、遼王、谷王等也都以「謀反」的罪名或其他各種過失被廢為庶人，削去其護衛軍或給予其他的處罰。這樣，盡釋諸王兵權，使他們漸漸失去了與中央分庭抗禮的力量。

在中央機構內，由於朱元璋訓誡永遠不許立丞相，而皇帝理政還要有人幫助。於是，朱棣提高大學士的地位，讓解縉等人值文淵閣，參予機務，謂之內閣。明有內閣自此始。他還派遣御史巡視地方，從此成為固定的制度。朱棣在爭奪皇位的戰爭中，曾得到建文集團中宦官們的內應，即位後為了加強統治力量，他一反朱元璋訓誡，委宦官以重任，從而種下了明代宦官參政的禍根。他還發展了明代的特務統治，建立特務機構東廠，派宦官掌管，刺探官民動靜。這一系列措施使君主專制的中央集權得到進一步發展。

二是明刑慎法，唯誠任賢，直言納諫，這是朱棣在內政改革上施行的一套方針。他執政後，一改朱元璋以猛治國的作風，「明刑慎法，寧緩勿急」。朱棣是以武力奪取皇位的，

建文朝臣有的拒絕合作，有的持觀望態度。但由於他善於團結一些反對他的人，誠懇善待前朝舊臣，他的政權迅速得到鞏固。朱棣還能納諫直言，敢於聽取對他的批評，希望自己做事有了過失，大臣能給指出來。因此，永樂時期的政治是較清明的。

三是發展經濟，促進生產。成祖即位後，著手恢復在四年靖難之役中遭到嚴重破壞的社會經濟。他獎勵開荒、移民屯舊、遷徙富豪、興修水利，繼續和發展朱元璋「安養生息」經濟政策。永樂元年，徙直隸、蘇州等十郡、浙江等九省富民實北京，永樂十四年徙山西、山東、湖廣等地流民於保安州，免稅三年。官府給這些民屯農產牛具、種籽，讓他們開墾荒地，收到了「田無荒蕪，民得寵業」的好效果。朱棣對興修水利也非常重視，他在位期間最主要的水利工程就是對南北大運河的治理，對促進南北地區的經濟交流起了積極作用。

四是維護多民族國家的統一，發展同亞洲各國的友好往來。雄才大略的明成祖朱棣，並不滿足其父朱元璋奠定的基礎，不滿足做一個守成之君，他積極進取，開拓疆土，對周邊少數民族進行了有效的統治，實現了天下大一統。在東北，設奴兒干都指揮使司，管轄著一百八十多個衛所。在西北，設置哈密衛，連同洪武時期在西北地區設置的六個衛，

構成明朝統轄西域地區的西北七衛。朱棣又派宦官陳誠前往西域，號召十七國前來朝貢。對西藏，朱棣派宦官候顯前往治理，進一步加強漢、藏之間的連繫。當時，西藏的宗教改革家、黃教創始人宗喀巴派弟子到北京朝貢，被封為「西天佛子大國師」，後世的達賴、班禪，就是他的兩位繼承人。朱棣對貴州也進行開發，設置了貴州等處承宣布政使司，並在此地推行改土歸流，使貴州風貌為之一變。此外，朱棣在遼東開原、廣寧設馬市，在西北擴大茶、馬貿易，加強與周邊少數民族的經濟連繫。

朱棣是位比較開放的君主，他即位後改變了朱元璋推行的閉關海禁政策，和周邊的鄰國廣泛建交和進行貿易。朱棣執政不久，就向海外各國派出使臣，前來朝貢的外國使臣也與日俱增。永樂三年，在福建、浙江、廣東三市舶司建驛館以招待外國貢使，後來又增設交趾、雲南市舶提舉司，接待西南諸國來使。並以空前氣魄派遣太監鄭和率領船隊「下西洋」。遍歷三十餘國，發展了中國與南洋各國的友好往來，並在政治、經濟和科學文化諸方面產生了深遠的影響。

五是繁榮學術文化事業。朱棣即位後，十分注重發展文化事業。他命胡廣等編纂《五經大全》、《四書大全》、《性理大全》，頒布全國，讓兩京六部國子監及府州縣學閱讀。他又令大學士解縉纂修一部規模巨大的類書，「凡書

契以來經史子集百家之書，至於天文地誌陰陽醫卜僧道技藝之言，備集為一書」。先賜名《文獻大成》，後又經過增修，至五年，定名《永樂大典》。《永樂大典》總計兩萬兩千九百三十七卷，書中輯錄了上自先秦，下至明初的各種書籍七八千種。

總而言之，明成祖朱棣是繼明太祖朱元璋之後，明朝歷史上又一個頗有作為的精明強幹的君主。在其統治的二十二年中，明太祖朱元璋的事業得到全面繼承與發展，同時又為後來的「仁宣之治」奠定了基礎，從而出現了明初六十餘年的治世。儘管他登基為帝有著篡位之名，但他確實以其雄才大略鞏固了大明的江山，成為中國歷史上少有的很有作為的君主之一。

努爾哈赤

滿族的民族英雄、清朝的開山之祖和奠基人努爾哈赤（西元 1559～1626 年），於明朝嘉靖三十八年出生在建州女真費阿拉城的一個奴隸主家庭。童年時期，由於家道中衰，加之十歲喪母，年方十九便開始了獨立生活。青少年時期的努爾哈赤經常往來於撫順關馬市進行貿易活動，從中學習社會和經濟、政治和文化、民俗和語言、軍事和地理。這一段不尋常的經歷為他日後的崛起打下了良好的基礎。

六、明清帝王

　　西元 1583 年，明遼東總兵李成梁在攻打建州強部王杲之子阿台駐地古勒寨時，誤殺努爾哈赤父塔克世。祖父覺昌安。努爾哈赤聞訊悲痛欲絕，氣憤填膺，立誓報仇雪恨，遂椎牛祭天，以父「遺甲十三副」含恨起兵。從此揭開了統一建州女真各部戰爭的序幕。

　　努爾哈赤經過幾年的浴血奮戰，先後並取了蘇克素滸河部、董鄂部、渾河部、哲陳部、完顏部。為了興基建業，發展勢力，努爾哈赤於西元 1587 年建費阿拉城（今遼寧新賓縣永陵鎮），宣布國政，並始稱女真國淑勒貝勒。費阿拉成了女真政治、經濟和軍事的中心。此後歷經五年又奪取了長白山三部——訥殷部、朱舍里部和鴨綠江部。至此，作為建州左衛指揮使的努爾哈赤採取各個擊破的策略，終於統一了建州女真各部。但是，努爾哈赤並未滿足於此，他以費阿拉為基地又開始了統一海西女真的戰鬥。

　　海西女真包括葉赫、哈達、輝發、烏拉四部，又叫扈倫四部。努爾哈赤統一建州的節節勝利，引起了扈倫四部奴隸主貴族的不安。西元 1595 年，以葉赫貝勒布齋、納林布祿為首，糾集哈達、烏拉、輝發及長白山朱舍里、訥殷二部，蒙古科爾沁、錫伯、卦爾察三部，共為九部，結為聯盟，分兵三路直撲建州。努爾哈赤沉著應戰，周密布置，集中兵力，據險誘敵，大敗敵軍於古勒山下，獲得全勝。古勒山之役是

努爾哈赤統一海西女真各部的轉折點，由於打破了九部軍事聯盟，從而改變了建州女真和海西女真力量的對比，此後努爾哈赤以由近及遠、先弱後強、利用矛盾、聯大滅小、集中兵力、各個擊破策略，先滅哈達、輝發，後滅烏拉、葉赫，到西元 1619 年秋，努爾哈赤吞併了海西扈倫四部。

在統一海西女真的同時，努爾哈赤又逐步征服「野人」女真一支東海女真。東海女真主要有三部 —— 渥集部、瓦爾喀部、庫爾喀部。自西元 1596 年努爾哈赤派費英東初征臨近的瓦爾喀開始至西元 1625 年，努爾哈赤對東海女真前後用兵達三十年，統一了東海女真在東起日本海，西迄松花江，南達摩闊崴灣、瀕臨圖們江口，北抵鄂倫河這一廣大疆域內，取代了明朝的統轄，東海女真完全臣服。另外，努爾哈赤建元之後，在統一東海女真的同時，多次發兵征討「野人」女真另一支黑龍江女真，並迅速取代了烏蘇里江和黑龍江中下游廣大地區明朝的統治。

努爾哈赤在統一建州女真、海西女真和「野人」女真之後，為了向明朝發起進攻，著力征撫漠南蒙古諸部。努爾哈赤利用漠南蒙古各部分裂和內訌，採取分化撫綏和武力征討的兩手政策，與科爾沁聯姻，又與喀爾喀會盟，使之由聯合明朝抗禦後金轉變為聯合後金對抗明朝。

努爾哈赤在滅哈達後的西元 1601 年始建四旗，以黃、

白、紅、藍四色為旗的代表,奠定了八旗制度的基礎。西元
1615年努爾哈赤又增設四旗,共為八旗,增添的四旗,將原
來旗幟周圍鑲上一條邊,黃、白、藍三色旗鑲紅邊,紅色旗
鑲白邊。八旗制度首先是一種軍事制度,八旗軍是一支嚴格
訓練、軍紀嚴明的軍隊其次,八旗制度還是政治、民政、家
族三方面的行政制度,而且也是經濟制度。努爾哈赤創建八
旗制度,把女真社會的軍事、行政、生產統制起來,女真各
部的部民,被按軍事方式分為三級,加以編制。努爾哈赤用
軍事方法管理行政、管理經濟,使女真社會軍事化。努爾哈
赤以旗為紐帶,把渙散的女真各部聯結起來,形成一個組織
嚴密的生氣勃勃的社會整體,是有其積極作用的。同時這也
是他崛起東北、統一女真各部、屢敗明朝的原因之一。努爾
哈赤在創建八旗過程中主持制定了無圈點的老滿文。

　　女真族在金代,以契丹文字為基礎創了女真文字,但到
十五世紀中葉,女真文字已失傳,女真人借用蒙古文字,為
了適應建州社會軍事、政治、經濟和文化迅速發展的需求,
努爾哈赤倡議、主持創製滿文,並於西元1599年二月命額爾
德尼和噶蓋參照蒙文字母,根據滿語語音特點加以創制。這
種草創的滿文即後人所稱「無圈點滿文」或「老滿文」。滿
文產生後,努爾哈赤下令在統一的女真地區施行。滿文的創
制和頒行,是滿族文化發展史上的里程碑,不僅加強了滿族
人民的內聚力,也促進了滿漢民族之間的文化交流,對於滿

族共同體的形成，加速滿族社會的封建化，並為建立一個統一的政權奠定了基礎。

西元 1616 年，五十八歲的努爾哈赤在赫圖阿拉稱汗，建元天命，正式建立了後金政權。自西元 1587 年始定國政到西元 1616 年的三十年間，在努爾哈赤領導下，建州生產得到了很大發展，女真各部空前統一，領地不斷擴大，財富迅速集中，奴隸制國家機器日益完善，階級對階級的統治關係更為明顯，作為國家組織形式的八旗制度已確立起來。儘管如此，努爾哈赤對明廷還有所忌憚，仍以建州國或女真國自稱，不敢公開地打起「金」的旗號，名義上對明廷保持一定的臣屬地位。但隨著軍事上節節勝利，政治上日益鞏固，後金與明的矛盾也日益激化，終於兵戎相見。

西元 1618 年，後金與明廷的關係最後破裂，努爾哈赤誓師伐明。在出兵撫順之前，努爾哈赤書寫「七大恨」訴告於天。「七大恨」實際上是明廷與女真關係的總結，也是後金對明廷的宣戰書和對女真人的號召書，它既反映了女真人對明朝所實行的民族壓迫和民族分裂政策的控訴，也反映了努爾哈赤向明朝公然用兵的一個藉口。總之，後金與明朝的關係自此進入了一個新階段。

努爾哈赤率兵征明首破撫順，再拔清河，明廷聞訊，舉朝大驚，調兵遣將，以十萬大軍號稱四十七萬之眾，分兵四路直撲後金的赫圖阿拉。在明朝大軍壓境的危難時刻，努爾

哈赤鎮定自若，制定了「恁爾幾路來，我只一路去」的集中兵力、各個擊破的作戰原則，最終以少勝多，在著名的薩爾滸之戰中大獲全勝。薩爾滸一戰，努爾哈赤自始至終掌握主動權，充分顯示了努爾哈赤卓絕的軍事才能。這一戰是後金和明朝興衰史上的轉折，後金自此由防禦轉為進攻。隨之，努爾哈赤兵鋒指向遼瀋地區。

薩爾滸大捷後二個月，即西元 1619 年六月，努爾哈赤又乘勢占開原，七月再破鐵嶺。西元 1621 年春，努爾哈赤進入遼河流域，展開瀋江之戰，三月連下瀋陽、遼陽及遼河以東大小七十餘座城堡，次年正月，努爾哈赤率軍破廣寧。努爾哈赤自「七大恨」誓師伐明僅四年，即克撫順、清河，奪開原、鐵嶺，取瀋陽、遼陽，占廣寧，致使遼東形勢為之大變。占領廣寧後遷都遼陽，西元 1625 年三月又遷都瀋陽。為以後瀋陽成為中國東北政治、經濟、文化和交通中心奠定了基礎。

西元 1626 年正月，後金汗努爾哈赤親率諸王大臣和十三萬大軍，往攻寧遠，但屢攻不下，終因身負重傷，敗師而還。努爾哈赤「自二十五歲以來，戰無不勝，攻無不克，唯寧遠一城不下」。寧遠一敗，努爾哈赤心情沮喪，悒悒不樂，積憤成疾，以致癰疽突發，於西元 1626 年八月十一日在由清河返回瀋陽途中死去，終年六十八歲。

皇太極

　　皇太極的生母葉赫那拉氏很受努爾哈赤的恩寵。子以母貴，她所生的兒子也得到了努爾哈赤的疼愛。在努爾哈赤眾多兒子中，皇太極是很早就接受教育的一個。以至於在努爾哈赤軍中眾多的戰將幾乎都是不識字的文盲，只有皇太極夠得上一個粗通文墨的「秀才」。

　　由於連年烽煙不息，父兄經常出征作戰，皇太極七歲以後，努爾哈赤就把大部分家政交給了他。努爾哈赤擁有眾多的妻妾、子女、奴僕和財產，並且當時國事和家事之間的界限並不是很清楚，要處理這樣繁雜的家政，對皇太極來說是副不輕的擔子，也是個極好的鍛鍊機會。而皇太極根本無須父親多加指點，就能把繁雜的事務處理得井然有序。

　　西元 1612 年秋，年方二十一歲的皇太極第一次跟隨父兄出征作戰，從此以後逐漸成為父親麾下一員能征善戰的大將，皇太極也在戎馬生涯中逐漸提高自己的軍事才幹。

　　努爾哈赤於西元 1616 年稱帝後，命將年輕的皇太極和次子代善、姪子阿敏、五子莽古爾泰等四人負責管理國家政務。皇太極也沒有辜負父親的期望，逐漸成為努爾哈赤身邊的一位得力助手，努爾哈赤也逐漸將皇太極作為自己的繼承人著力培養。

　　等到努爾哈赤死後，深得父親信任和兄弟愛戴的皇太極

六、明清帝王

順理成章地於西元 1626 年繼承父親的帝位，即為清太宗。

西元 1635 年，後金在與蒙古的戰爭中，從蒙古蘇秦太后手中得到了傳國玉璽，於是皇太極便在群臣的擁戴下，於西元 1636 年稱帝，改國號為大清，並仿照明朝官制，初步建立大清王朝的行政機構，清朝由此建立。皇太極在位期間，在充分研究了當前的軍事形勢後，確定了對明朝議和，先進攻朝鮮和蒙古，待朝鮮和蒙古被征服後，再揮師南下攻明的策略。實踐證明這一策略是非常正確的，皇太極首先征服朝鮮和蒙古，解決了後院起火的問題並透過征伐取得了大量土地和人口，增強了清朝的實力而且還透過戰爭擴大了兵源，鍛鍊了隊伍的作戰能力。可謂是一舉多得。

皇太極首先征伐的是明朝的忠實盟友朝鮮。西元 1627 年，皇太極趁朝鮮內亂之機，派大軍出征朝鮮。後金軍隊一路凱歌高奏，不久就攻占了義州、鐵山等地，俘虜了朝鮮王妃、王子和宗室大臣，逼迫朝鮮國王出降，成為清的屬國，並全殲了明朝派駐朝鮮的守軍。透過討伐朝鮮，皇太極既取得了大量土地和人口，迫使朝鮮納貢稱臣，又去掉了明朝的一個手臂，將朝鮮完全控制在自己的手中。

隨後，皇太極又揮師西進，與蒙古科爾沁、喀喇沁和敖漢等部，聯合出兵征討漠南蒙古中實力最強的察哈爾部，連續兩次擊潰察哈爾部，逼使其首領額哲率部歸降。從此，皇

太極便控制了漠南蒙古。

　　同時，皇太極還採取招撫與軍事相結合的手段，不斷向黑龍江中上游地區發展勢力。在他恩威並用的策略指導下，當地部落紛紛前來歸附，到西元 1642 年時，東自鄂霍次克海濱、西至貝加爾湖的廣闊地區都成為清朝的管轄之地。這樣，皇太極完全肅清了後方的異己力量，可以全身心地投入到對明作戰中來。

　　西元 1628 年，皇太極得知明天啟帝死崇禎帝即位的消息後，立即率領大軍南下，並繞過袁崇煥所鎮守的寧遠錦州防線，一舉突入到北京城下，逼得崇禎帝不得不下令袁崇煥回師救援。皇太極深知袁崇煥統兵作戰的能力，於是巧施離間計，讓多疑的崇禎帝剝奪了袁崇煥的兵權，下獄治罪，並在第二年將其凌遲處死。得知袁崇煥的死訊後，皇太極先是拍手叫好，後又扼腕嘆息，叫好是因為皇太極不費吹灰之力，便借崇禎之手除掉了皇太極的最大勁敵，嘆息的是一代名將竟這樣死去。皇太極用離間計除掉袁崇煥後，在北京城下一舉擊潰前來勤王的各路明軍，攻克了永平、遵化、遷安和灤州等城，然後布置好永平等四城的防守後，班師回到瀋陽。當時曾有大將勸皇太極乘勝一舉攻陷北京城，但皇太極認為當時的明朝國力還比較強盛，並不可能將其消滅，於是他制定了不斷騷擾明朝邊境，對邊境人民大肆屠殺，以削弱明邊

防軍乃至整個明朝的實力，同時也讓邊境地區百姓產生厭戰情緒，然後再戰而勝之。

此後，皇太極與明朝時和時戰，派小股兵力不斷騷擾明朝邊境，使得明朝為增加「遼餉」而在國內橫徵暴斂，並因此而激起了明末農民大起義。這是皇太極始料未及的，得知明朝境內起義此起彼伏的消息後，皇太極竟興奮得直說：「天佑大清，天佑大清！」於是皇太極又於西元 1639 年發起了歷史上有名的松錦大戰。歷時兩年多的松錦之戰以皇太極的大獲全勝而結束，此後，明朝精兵良將損失殆盡，再加上李自成等農民起義軍在明朝境內的一再折騰，明朝再無力量與清抗衡了，清軍入關南下並統一全國已經是水到渠成。可正當清軍為南下滅明作著精心準備的時候，皇太極卻因為所寵愛的妃子宸妃去世，悲傷過度，再加上他的精力已經被多年操勞政務和四處征戰耗盡，這個清朝實際上的開國皇帝便在清軍入關的前一年病逝，享年五十一歲。

康熙

康熙是清朝入關後的第二代皇帝。他在位六十一年，日理萬機，勵精圖治，為清代中國的大一統和全盛奠定了基礎。

他在少年時代，就成功地粉碎鰲拜集團，在朝廷內部實現了大權歸一。但是當時南方有手握大權的吳三桂、尚之

信、耿精忠。鄭京控制的臺灣拒絕歸順，在西北有驃悍雅服、時或擄掠的準噶爾部。康熙肩負著統一祖國的大任。

對三藩，朝廷內部意見不一。康熙堅決主張撤藩，結果三藩起兵反清。這時有人主張殺掉主張撤藩的大臣以息三藩之兵，年僅二十歲的康熙堅決反對，他說：「如果有錯誤，朕一個人承擔。」隨即把吳三桂之子等人投進監獄。康熙制定了重點打擊吳三桂，爭取其他叛軍中立、歸降的政策。終於經過八年的戰爭，平定了叛亂。清政府多次想和平解決臺灣問題，但鄭京要求臺灣像琉球、朝鮮一樣藩屬中國。康熙斷然拒絕，他說鄭氏是中國人，臺灣皆閩、福人，與琉球、朝鮮不同。西元 1681 年，清政府用兵臺灣，兼用招安之法，最終和平統一臺灣。他特別下詔，鄭氏一族不是「亂臣賊子」，可以歸葬安南。然後在臺灣設一府散縣，駐兵臺灣、澎湖。臺灣在政治、軍事、行政上重又與大陸成為一個整體。準噶爾部位於巴爾喀什湖以東、天山以北和伊犁河流域。首領噶爾丹是一個野心勃勃、掠奪成性的人。他表面臣服，卻步步南逼。西元 1690 年，康熙御駕親征，一舉擊潰噶爾丹的駝軍。之後，噶爾丹又捲土重來。康熙力排眾議，決定二次親征。兩軍在克魯倫河附近對峙。噶爾丹望見康熙的御營和清軍的威武陣容，不禁為之膽寒，立刻下令拔營逃走。康熙率軍追擊。在昭莫多大戰中，幾乎全殲敵軍。噶爾

丹僅帶少數人逃走。由於噶爾丹拒絕投降，西元 1697 年，康熙第三次親征。噶爾丹走投無路，在眾叛親離中死去。

從十二歲起，康熙就注意到沙皇對中國的侵略。西元 1682 年，康熙第二次東巡，商議抗俄大事。經過兩次雅克薩之戰，清軍打敗了俄國侵略者。中俄雙方簽定《尼布楚條約》，從法律上肯定了黑龍江和烏蘇里江流域的遼闊土地都是中國的領土。由於噶爾丹叛亂，清政府也做了很大讓步，將原屬中國的尼布楚劃歸俄國。

康熙熱愛科學，努力向西方學習。他重視數學，向傳教士南懷仁學習幾何，他學過歐幾里得的《幾何原本》和巴蒂的《實用和理論幾何學》的滿文譯本。晚年在北京暢春園設「算學館」，召集大數學家梅瑴成等編成巨著《律曆淵源》，集當時樂律、天文、數學之精華。

康熙以皇帝的權威，在全國推行種痘法，挽救了很多人的生命。當時天花流行，奪去了無數人的生命。世界上還沒有治天花的好辦法。中國首創預防天花的種痘法。方法是把患者的痘痂研成細末，用溼棉花將之塞入健康人的鼻孔裡，使患者發生一次輕微的感染，從而獲得免疫力。但由於很多人懷疑而沒有推行。康熙首先在自己的子女中推行，還介紹到蒙古等少數民族中，取得了很好的效果。

康熙還開展了一項史無前例的偉大工程，即繪製全國地

圖《皇輿全覽圖》。這次測繪採用了比較先進的大地測量術和經緯度繪圖的方法。到西元 1716 年,除新疆的少部分地方外,對大多數省區進行了測繪。它是中國歷史上第一部完全實測、比較精確的地圖集,也是世界地理測量史一的偉大成果之一。

康熙曾發現、培育和推廣過雙季稻御稻種。這種稻米第一季的成熟時間平均不到一百天,最短的只有七十天左右,因此收割後可再種一季。這種米粒長、色紅、味香。《紅樓夢》中所描寫的「御田胭脂米」和「紅稻米粥」就說的是這種御稻米。為農業需要,康熙下令每天記錄氣象,並作為一種制度保留下來。故宮內保存了大批清代的《晴雨錄》,是研究氣象的寶貴史料。

雍正

關於雍正即位的野史傳聞也有很多版本,其中最有說服力的版本說的是,康熙本來是把皇位傳給十四子允禵的,但在臨死前,雍正與負責收藏康熙傳位遺詔的隆科多合謀,先趁機將病入膏肓的父親康熙悶殺,然後將傳位遺詔中的「傳位十四子」改為「傳位于四子」,因而得以繼承皇位。幾百年以來,雍正因這個弒父改詔得以即位的故事,遭到很多文人的口誅筆伐,雍正也被他們譽為清朝歷史上最為殘暴的皇

帝。但這個故事本身的疑點就很多，最大的疑點便是改遺詔的事情。清朝的詔書一向是以滿文書寫，入關之後，隨著漢族官吏的增多，才逐漸改為用滿、漢兩種文字書寫詔書，而滿、漢兩種文字是根本不同的。如果按照故事裡面改遺詔的方法，即使改得了漢字，也改不了滿文，況且用漢字書寫的遺詔中，按規定也應該在「十四子」之前加上「皇」字。如果真按照這個傳聞，且不就成了「傳位皇于四子」，除非雍正手握重兵和眾多的支持者，其他諸皇子不敢與之爭奪皇位，眾皇子和王公大臣才不可能看出來。但當時的情況是雍正並沒有太多的支持者，也沒有手握重兵，當時被封為大將軍的十四子倒是擁有重兵與眾多的支持者。

看來雍正的皇位來歷是很清楚的，並非所謂的弒父篡位，但為什麼雍正會在歷史上留下這麼個印象呢？這只有用雍正即位後所施行的一些措施才能說明。

其實在康熙末年，由於康熙對臣下過於寬仁，使得吏治逐漸腐敗，官僚貪汙問題也越來越嚴重，加上康熙對邊疆的多次用兵，造成了國庫空虛，錢糧短缺。雍正即位後，為解決這些問題以富民富國，採取了一系列相應的措施。

首先便是整頓吏治，雍正即位之時，便下令戶部全面清查官員積欠國庫錢糧的命令。這個命令看起來是非常苛刻的，要求所有拖欠錢糧的官吏必須在三年內還清補齊，清查

中即使涉及高級官員也絕不容情，當時就曾出現很多郡王、貝子不得不將家產變賣以賠補虧空的事情。如果官員不能按時還清補齊，雍正就抄他的家，以家產賠補虧空。對地方的清查更是徹底，許多地方官員因虧空被抄家的抄家，革職的革職。當時被革職罷官的地方官員竟多達三分之一，有的還達到一半以上。三年之內，雍正基本上清查了康熙以來的所有積欠，充實了國庫，打擊了貪官。但因此舉而得到雍正「好抄家」的名聲，並得罪了很多官吏。

雍正得罪官吏的第二項措施便是「火耗歸公」。「火耗」是指在徵收賦稅時收上來的是散銀，上交國庫時要熔鑄成銀錠，因此要有損耗。這就是「火耗」的來歷。為了填補損耗，在徵收賦稅時便要多徵一些。由於當時清朝的俸祿太低，一品官員的俸祿每年才一百八十兩銀子，七品才四十五兩。這點銀子，別說應酬，就連養家餬口都不夠。因此地方官便靠徵收賦稅銀兩時加收「火耗」，以貼補俸祿，這在雍正以前的清朝已經成了一個慣例。

但後來這「火耗」徵收得越來越重，有的地方甚至達到一兩加徵四五錢，這就增加了人民的負擔，給清朝的統治釀成了隱患。雍正在權衡利弊後，毅然決定實行「火耗歸公」，規定各地「火耗」必須全部提解到省，再撥出一部分作為養廉銀分給官吏，其他則用於地方公費。養廉銀的數額

很多，如一品官的養廉銀就達到每年兩萬兩，七品官的養廉銀也達到兩千兩左右。其實此舉只是將「火耗」填補官吏俸祿公開化，並增加了地方公費，可謂是一石二鳥。這項措施雖得到部分清廉官吏的響應，但大多數官員還是因此舉減少了很多收入。雍正又一次得罪了官吏。

雍正第三個措施的實行，也得罪了人，這次得罪的範圍也擴大了，基本上所有的地主官僚都得罪得一乾二淨。雍正為了增加國家收入，避免地主官僚逃避賦役，將負擔轉到農民身上的情況，於西元 1725 年決定實行「攤丁入畝」制度。規定將丁役攤到土地上，誰的田地多，誰出的力役就多，沒有田的就少出役或不出役。這個辦法當然是對小農有利的，此後便沒有了丁役，小農負擔得以減輕，富戶遭到壓抑，徹底解決了丁役不均，放富差貧的弊端。同時由於丁糧合收，使清政府的丁銀收入有了保證，對國家非常有利。所以這次賦稅改革是一個有重大意義的歷史事件。但那些養尊處優的地主老爺們根本不會考慮國家有沒有利的問題，自然對這項改革非常抵制，對雍正也恨之入骨。

雍正第四個得罪人的措施便是完善密摺制度。清朝官員上呈皇帝的公文主要是由通政司負責送皇帝的，但在送到皇帝之前便已經由內閣看過了，因而公文都是公開的，使得官員不敢公開講有些事情，皇帝便無從知道。康熙在位期間，

為了解下情，便採取了祕密奏摺的補救辦法。康熙將上祕摺的權力只是交給了最信任的心腹大臣，其所奏內容，包括風俗民情、地方治安、官員情況以及氣候、糧價、民間瑣事等等。這種奏摺直接送皇帝，別人不得開啟。皇帝看完，批示後發回本人保管。但是康熙時期，能用密摺奏事者不多，還沒有形成嚴格的密摺制度。

雍正即位後，認為密摺是了解下情的最好辦法，於是擴大了可寫密摺的人的範圍，使各省督撫都有權力上密摺。後來又擴大到包括提督，總兵官，布政使，按察使和學政官員，就是一些中下級官員，在得到雍正特許後，也有權力上密摺。密摺制度的建立，使雍正更能對全國上上下下瞭如指掌，處理各類事情都能洞察秋毫，加強了行政效率。同時又造成了控制官員的作用，使官僚人人自危，密摺就像一根無形的鞭子，驅使他們兢兢業業地一心為公。當然在他們兢兢業業一心為公的同時，心裡難免對這個苛刻的雍正皇帝心懷怨恨。

雍正實行的另外一個措施，便是設立軍機處。在對準噶爾用兵期間，雍正為了更準確，迅速地處理各種軍機大事，便於西元 1729 年在養心殿附近設立了軍機處。軍機處內設軍機大臣和軍機章京，都是由雍正的親信和心腹大臣組成。雍正每天都定時召見軍機大臣，有事隨時召見，軍機大臣常半

夜都不能休息。軍機處本來是個臨時機構，後來雍正覺得用的順手，乾脆就將其轉變為固定機構，用來辦理國家所有機密事務，代替內閣成為國家的行政中樞。內閣只能處理一般性事務，這樣雍正就把國家一切權力緊握在自己手中。這樣一來，內閣那些本來掌握重權但又不是雍正親信的大臣，就這樣失去了手中的權力，能不恨雍正乎？

後來，雍正對邊疆地區所採取的措施，又把邊疆少數民族貴族通通都給得罪了，這就是對青海、西藏、準噶爾部、西南少數民族土司所採取的措施。對青海，是將青海叛亂的羅布藏丹津剿滅後，便對青海地區加強了統治，設立了青海辦事大臣，處理蒙藏民事，使青海直接隸於中央政府，改變了康熙時對青海間接統治的方法。對西藏，在西元 1728 年平定阿爾布巴叛亂後，雍正決定強化對藏控制，在西藏設立駐藏大臣，並派兵防守，還將西藏宗教領袖達賴六世遷於康定，派兵看守。對準噶爾部，雍正則終其一生也沒有達到平叛的目的。對西南的少數民族土司制度，雍正便實行雲貴土司改土歸流，使土司成為「流官」不再控制這些地區的少數民族人民。

這些措施，每一項都旨在鞏固清朝的統治，鞏固國家的統一。但對那些自由自在慣了的少數民族貴族來講，要向清王朝低下他們高貴的頭顱，在他們看來，簡直是勉為其難，

自然是恨上了雍正。

再加上雍正統治時期文字獄尤為興盛，不好聲色犬馬的雍正很少去顧及後宮那些怨婦。雍正用人唯才是舉，對國家棟梁則高官厚祿、越級提拔，對無能官吏則大加貶抑等等或措施或性格。雍正簡直就是把天下人都給得罪遍了，能不說他弒父篡位嗎？就連雍正的死也成了野史津津樂道的話題，傳說雍正是被呂四娘所殺，埋進陵墓裡的雍正連頭都沒有，頭是被呂四娘拿去祭奠她被文字獄所殺的父親去了。

「子在川上曰：逝者如斯乎？」不管雍正是否弒父篡位，不管雍正是否真的被割去腦袋，我們所要了解的，便是由於雍正大力改革和整治，才使得乾隆時代的盛世景象得以出現。這就是雍正的功勞，這就是一個做皇帝的標準。

電子書購買

國家圖書館出版品預行編目資料

朕，撼天下：酷刑發明家紂王、焚書坑儒始皇帝、追星族光文帝、道教狂粉宋徽宗、科學迷清聖祖……從先秦至明清，一窺歷代帝王的真實面貌 / 孟飛編著 . -- 第一版 . -- 臺北市：崧燁文化事業有限公司 , 2023.01
面；　公分
POD 版
ISBN 978-626-357-014-6(平裝)
1.CST: 帝王 2.CST: 傳記 3.CST: 中國
782.27　　111020720

朕，撼天下：酷刑發明家紂王、焚書坑儒始皇帝、追星族光文帝、道教狂粉宋徽宗、科學迷清聖祖……從先秦至明清，一窺歷代帝王的真實面貌

臉書

編　　著：孟飛
發 行 人：黃振庭
出 版 者：崧燁文化事業有限公司
發 行 者：崧燁文化事業有限公司
E - m a i l：sonbookservice@gmail.com
粉 絲 頁：https://www.facebook.com/sonbookss/
網　　址：https://sonbook.net/
地　　址：台北市中正區重慶南路一段六十一號八樓 815 室
Rm. 815, 8F., No.61, Sec. 1, Chongqing S. Rd., Zhongzheng Dist., Taipei City 100, Taiwan
電　　話：(02) 2370-3310　　傳　　真：(02) 2388-1990
印　　刷：京峯彩色印刷有限公司（京峰數位）
律師顧問：廣華律師事務所 張珮琦律師

定　　價：375 元
發行日期：2023 年 01 月第一版
◎本書以 POD 印製

獨家贈品

親愛的讀者歡迎您選購到您喜愛的書，為了感謝您，我們提供了一份禮品，爽讀 app 的電子書無償使用三個月，近萬本書免費提供您享受閱讀的樂趣。

ios 系統	安卓系統	讀者贈品

先依照自己的手機型號掃描安裝 APP 註冊，再掃描「讀者贈品」，複製優惠碼至 APP 內兌換

優惠碼（兌換期限 2025/12/30）
READERKUTRA86NWK

爽讀 APP

- 多元書種、萬卷書籍，電子書飽讀服務引領閱讀新浪潮！
- AI 語音助您閱讀，萬本好書任您挑選
- 領取限時優惠碼，三個月沉浸在書海中
- 固定月費無限暢讀，輕鬆打造專屬閱讀時光

不用留下個人資料，只需行動電話認證，不會有任何騷擾或詐騙電話。